Was nun – Was gibt uns Halt?!
Ideen zwischen Sicherheit und Chaos

4. Symposium der informedia-Stiftung
24. und 25. Juni 1993 in Frankfurt/Neu-Isenburg

informedia-Stiftung
Gemeinnützige Stiftung
für Gesellschaftswissenschaften
und Publizistik, Köln

WAS NUN – WAS GIBT UNS HALT?!

Ideen zwischen Sicherheit und Chaos

Die Deutsche Bibliothek – CIP-Einheitsaufnahme

Was nun – Was gibt uns Halt?!: Ideen zwischen Sicherheit und Chaos; 24. Juni und 25. Juni in Frankfurt/Neu-Isenburg / informedia-Stiftung, Gemeinnützige Stiftung für Gesellschaftswissenschaften und Publizistik. – Köln: informedia-Stiftung, 1993
(. . . Symposium der informedia-Stiftung; 4)
ISBN 3-9802641-2-2
NE: informedia-Stiftung: . . . Symposium der . . .

Eupener Straße 165, 50933 Köln
Umschlaggestaltung: Roberto Patelli, Köln
Lektorat: Nikolaus Schneider, München
Fotos: Kontar Pressebilderdienst, Offenbach
Wolf P. Prange, Berlin
Übersetzung: Imke Dröscher, Saarbrücken
Satz: Fotosatz Klaus Götten GmbH, Köln
Druck und Einband: Bercker GmbH, Kevelaer

ISBN 3-9802641-2-2

Inhalt

WIRTSCHAFT

GESELLSCHAFT

Vorwort

Die informedia-Stiftung legt hier die Ergebnisse, Referate und Diskussionsbeiträge ihres 4. Symposiums

„WAS NUN – WAS GIBT UNS HALT?!“
– Ideen zwischen Sicherheit und Chaos –

vom 24./25. Juni 1993 in Frankfurt am Main/Neu-Isenburg der interessierten Öffentlichkeit vor.

Die Veranstaltung von Symposien gehört zur Sacharbeit der Stiftung, so

- *Januar 1989*
  Demokratie und Marktwirtschaft – ein Kuppelprodukt?

- *Juni 1990*
  Der Preis der Tüchtigkeit – Deutschland von draußen betrachtet

- *Januar 1992*
  Marktwirtschaft Teufelswerk? Die Weltreligionen + Die Wirtschaft.

In unserer sich rasch verändernden Zeit, in der wir uns alle auf schwankenden Boden wähnen, will die informedia-Stiftung durch die Beschäftigung mit aktuellen Fragen ihren Beitrag zu Standortbestimmung und Stabilität leisten. Es gilt Verbindungslinien zu erkennen, Nachdenklichkeit zu vertiefen, Denkanstöße zu geben, vor allem auch Perspektiven zu erarbeiten.

Das 4. Symposium hat gezeigt, daß wir ein neues Gemeinschaftsgefühl brauchen, daß ein Miteinander besser ist als ein Gegeneinander, daß der innere Konsens wiederhergestellt werden muß, und daß wir uns nicht so sehr durch die Störung unserer Wohlstandsgarantie beunruhigen lassen dürfen.

Die Dokumentation der Referate und der Diskussion mag den am Symposium nicht beteiligten Leser ebenfalls zum Nachdenken anregen. Unser Dank gilt den Referenten, Moderatoren und insbesondere den Diskussionsteilnehmern, die zum Gelingen der Veranstaltung beigetragen haben.

Vorstand und Kuratorium der informedia-Stiftung
Gemeinnützige Stiftung für Gesellschaftswissenschaften
und Publizistik, Köln

Köln, Oktober 1993

Dipl.-Kfm. Klaus Nimtz,

Vorstand der informedia-Stiftung
Gemeinnützige Stiftung für
Gesellschaftswissenschaften und
Publizistik; Köln

Wir haben heute eine Veranstaltung, zu der ich Sie im Namen von Vorstand und Kuratorium der informedia-Stiftung für Gesellschaftswissenschaften und Publizistik sehr herzlich begrüße. Mit diesem Treffen am Tage vor unserem eigentlichen Symposium wollen wir uns auf das Thema einstimmen: „Was nun – Was gibt uns Halt?! Ideen zwischen Sicherheit und Chaos". Wir dachten uns, daß es zur Einstimmung gut wäre, sowohl etwas über die geistigen und politischen Entwicklungen zu hören, die dem Zusammenbruch des Kommunismus vorausgingen, als auch über die, die möglicherweise auf ihn folgen werden. Der Kommunismus fußte bekanntlich auf den Ideen und Theorien des vor nunmehr 175 Jahren in Trier geborenen Karl Marx. Wir haben also in nationaler Hinsicht einiges mit der Erfindung dieser Theorien zu tun. Marx wollte sich nicht darauf beschränken, die Welt zu erklären, er wollte sie auch verändern und nach den von ihm entdeckten vermeintlichen Gesetzmäßigkeiten neu gestalten.

Ist er damit auch für alle nachfolgenden Grausamkeiten verantwortlich? Kann man Marx selbst eigentlich als Marxisten bezeichnen? Inwieweit unterscheidet er sich zum Beispiel von Lenin, und wie weit hat sich Lenin von ihm entfernt? Der Zusammenbruch des Kommunismus war für die meisten von uns nicht vorhersehbar. Was würde Marx heute dazu sagen, wenn er wieder in die Welt käme? Offenbar lag ein großer Teil der vom Marxismus ausgehenden Faszination in der Befriedigung eines menschlichen Grundbedürfnisses nach Idealen, ja nach Utopien. Deshalb standen er und seine Lehre im Wettbewerb mit und auch im Gegensatz zu den Religionen, die nach dem Scheitern des Sozialismus in den vom Sozialismus befreiten Ländern konsequenterweise eine vielfältige Renaissance erleben. Die Betonung liegt dabei auf vielfältig.

Wir aber fragen uns, was nach diesen dramatischen Veränderungen der jüngsten Zeit aus uns, unseren politischen Systemen, aus unseren Wertvorstellungen und aus unserem natürlichen Streben nach Idealen und vor allem nach allem Transzendentalen werden soll. Frau Dr. Brigitte Seebacher-Brandt hat unsere Einladung angenommen, als Historikerin und bekannte Publizistin darüber zu referieren. Sehr verehrte Frau Dr. Seebacher-Brandt, wir schätzen Sie als eine Persönlichkeit, die stets ihre von großer Sachkenntnis und analytischer Schärfe getragene Meinung unerschrocken und nötigenfalls unverblümt darzustellen weiß. Sie lassen sich nicht über einen ideologischen Leisten schlagen und möchten wohl auch nicht in gängige politische Kategorien eingeordnet werden, weil das jede Unabhängigkeit und echte Kreativität töten würde. Wir würden uns alle freuen, zu hören, wie Sie die Entwicklung in der Welt 175 Jahre nach der Geburt von Karl Marx sehen, und welche Schlüsse Sie aus den jüngsten weltpolitischen Veränderungen ziehen.

Dr. Brigitte Seebacher-Brandt
Publizistin; Unkel

Was kommt nach Marx?

Der Zufall des Kalenders führt mitten ins Thema: Hat der neue Vorsitzende der SPD – wir schreiben den 24. Juni 1993 – mit Karl Marx noch irgend etwas gemeinsam? Oder macht die Frage Sinn nicht mehr? Wenn es so ist und das Marxsche Gedankengut nirgends mehr lebendig ist, nicht einmal mehr Spuren zu sichten sind, wozu dann ein solches Thema? Ein Thema, das eine Nachfolge suggeriert. Dabei beschäftigt uns nicht einmal mehr die Erbschaft in jenem Teil der Welt, in dem Karl Marx totalitäre Herrschaft legitimiert hat. Der Bruch scheint vollkommen, warum also noch einen Bezug herstellen? Und sei es dadurch, daß eine Nachfolge unterstellt wird? Überdies steht im Mittelpunkt unserer Aufmerksamkeit die Zukunft der liberalen – westlichen – Demokratie, also weit mehr als die Zukunft einer Linken, deren ideologischer Stammvater Karl Marx hieß.

Der Zusammenhang zwischen dem einen und dem anderen, dem Umbruch im Osten und der Krise im Westen, ist nicht leicht zu erkennen. Auch deshalb nicht, weil doch der Untergang des einen, des sozialistischen Systems, der Triumph des anderen, der liberalen Demokratie, war. Und dennoch, kann Zufall sein, daß sich die Frage ausgeweitet hat, seit Karl Marx seinen zweiten Tod gestorben ist? Es scheint nun, als sei im Allgemeinen das Besondere aufgehoben. Und so nähern wir uns dem Thema, indem wir überlegen, ob wir, wir im Westen, vielleicht ein Erbe mit uns tragen, das mit dem Namen Karl Marx verbunden ist. Und wenn ja, welches es sei und zu wessen Nutzen oder zu wessen Schaden.

Nicht nur in Deutschland, auch in Frankreich und überall sonst im Westen, wo sozialistische Parteien im Niedergang begriffen sind und ohne Orientierung, wird die Ursache jenem östlichen Zusammenbruch angelastet, aber selten nach den verbindenden Linien gefragt. Wenn's nur der Zusammenbruch eines Herrschaftssystems gewesen wäre, die Folgen könnten so weit nicht reichen. Darauf möchte niemand gern gestoßen werden, und niemand will wahrhaben, daß lange sich angebahnt hatte, was 1989 aufbrach. Dabei mußte die Beschwernis, die die deutsche Einheit der Linken verursachte, einen Grund gehabt haben. Ein Grund, der mehr und anderes bezeichnete als Äußerlichkeiten. Er lag – auch – im sozialistischen Wesen jenes Teilstaates, der unterging. Was den Begriff anbelangt: Wir fragen nach Karl Marx und reden vom Sozialismus. Der alte Bebel hatte sein Bild vom Paradies, in dem die Freiheit des einzelnen in der Gleichheit aller aufgehoben sein und die Welt in sich ruhen würde, entworfen, bevor er Marx studierte und kennenlernte. Aber hernach dienten ihm dessen Theorien zur wissenschaftlichen Untermauerung seiner eigenen Vision. Sie wurden unverzichtbar, in der Verbindung erst lag die Anziehungskraft. Ohne marxistische Elemente wird Sozialismus, seit diese in der Welt sind, nicht mehr gedacht. Die begriffliche Ineinssetzung also ist erlaubt.

Das Besondere und das Allgemeine sollten das Thema sein, und daß wir uns nicht ein weiteres Mal beim Besonderen aufhalten wollen, jenem Besonderen, das das Ende von Imperium und Ideologie – in welcher Reihenfolge auch immer – darstellt. Von Krisenbewußtsein und Zukunftsangst wird die Linke nicht allein geschüttelt. Die sinkende Kurve der inneren Kraft durchzieht die westlichen Gesellschaften insgesamt und mehr als ein Lager. Niemand wird behaupten, die englischen Konservativen oder die deutschen Christdemokraten stünden in kraftvoller Blüte. Warum also das Thema einengen? Und so tun, als sei die demokratische Rechte – in beiderlei Gestalt, der konservativen und der modern-reformerischen – nicht auch betroffen? Der Katzenjammer, der keine drei Jahre nach dem östlichen Zusammenbruch, dem des Imperiums und dem der Ideologie, heraufgezogen ist, gilt jedenfalls im Europa der „freien Ordnung“ insgesamt, jener Ordnung, von der Joachim Fest jetzt gemeint hat, sie sei „ein Experiment wider alle Wahrscheinlichkeit“. Dunkle Ahnungen steigen aus dem Experiment auf, seit jenes andere Experiment gescheitert ist. Der Jammer ist um so größer, als wir uns vor drei Jahren eingebildet hatten, eine Epoche des demokratischen Heils breche an. Die uralte Sehnsucht nach Stillstand und Halt crschien sich zu erfüllen, auch die nach klarer Unterscheidung von Gut und Böse und die nach klarer Abfolge: Von jetzt an werde alles überall anders und so schön wie bei uns, und ohne daß man selbst etwas dazu tun müsse.

Was nach Marx komme, beantwortet sich nicht entlang gerader Traditionsstränge, so, als müsse der eine durch einen anderen Gedanken abgelöst und dieser neue Wirklichkeit werden. Der Gründe sind zwei. Der äußere Grund ist leicht beschrieben: Was dort hervorbricht, wo der Marxismus die Diktatur legitimiert hat, ist unübersehbar und auf keinen Nenner zu bringen. Ein Blick auf die Landkarte genügt, um zu erkennen, daß hier die liberale Demokratie Wurzeln schlagen wird und dort nicht, daß hier eine uralte Vergangenheit wieder lebendig wird und dort alles daran gesetzt wird, den Sprung in die Zukunft zu schaffen. Die prinzipielle Angleichung des Wirtschaftssystems an das des Westens – bei dazugehöriger Öffnung der Grenzen – beschert diesem zwangsläufig Konkurrenz. Die Auswirkung ist unmittelbar, aber kaum dazu angetan, das westliche Krisenbewußtsein zu erklären.

So ist nach dem inneren Grund zu fragen, der nicht so leicht herauszufinden ist: Karl Marx hat das Industriezeitalter in einen einzigen Gedanken gezwungen und die Klasse, die es hervorgebracht, die der Arbeiter, zum Träger menschheitlicher Erlösung gemacht. Dieser eine Gedanke hat alle in seinen Bann gezogen, auch die, die ihn mehr oder minder strikt ablehnten. Karl Marx hat jenes Zeitalter personifiziert wie keiner sonst. Es geht jetzt zur Neige, ist es vielleicht schon. Barg jener Zusammenbruch das Zeichen bereits in sich, daß mehr zu Ende gegangen ist als eine Diktatur? Das Zeichen unsichtbar, so sehr, daß darüber verdrängt wurde, was sonst noch vorgegangen ist, was den Zusammenbruch im Osten bewirkt hat und was das Krisenbewußtsein im Westen.

Tatsächlich ist die Frage, was auf Marx folge, die Frage nach dem Übergang vom Industriezeitalter in eines, das wir in vielen Einzelheiten bereits kennen, aber noch nicht zu bestimmen wissen. Das Gegenteil zu behaupten, wäre Scharlatanerie. Gewiß ist, daß das nach-industrielle Zeitalter niemand mehr in einen, einen einzigen Gedanken zwingen wird. Und gewiß ist auch, daß, wenn das Industriezeitalter zu Ende geht, es im Westen wie im Osten der Fall ist – wenn auch in völlig unterschiedlicher Form. Im Westen hat sich der Übergang – Altes und Neues vermischen sich in einer freien Gesellschaft unmerklich – angebahnt, bevor er durch das abrupte Ende im Osten in helles Licht getaucht wurde. Das Beispiel Deutschland liegt nahe: Hier steht die „freie Ordnung“ unmittelbar auf dem Prüfstand, deren Anpassungs- und Reformfähigkeit. Wenn sie nicht fähig ist, sich einen neuen Landesteil einzufügen, ohne selbst dabei Schaden zu nehmen, was wäre sie dann wert? Allerdings hatten sich in dem neuen Landesteil die alten industriellen und damit verbundenen sozialen Strukturen erhalten, und sie mußten nun solchen eingepaßt werden, die längst andere geworden waren. Die Schwierigkeiten jedenfalls, die wir haben oder uns machen, wurzeln in unserer eigenen westlichen Vergangenheit. Verhaltensweisen ändern sich nicht mit äußeren Ereignissen, Ungleichzeitigkeiten prägen die Geschichte, also auch die Gegenwart, und sind kein Grund zu resignieren. Sie sind es um so weniger, wenn man versteht, daß nicht alles eine Laune der Geschichte ist, was man dafür hält.

Der Blick zurück ist unausweichlich. Er geht zurück vom Allgemeinen ins Besondere. Von der Krisenstimmung, die die westlichen Gesellschaften erfaßt hat, zurück zum Ausgangspunkt der Überlegung: Wie war das mit Karl Marx, dem Industriezeitalter und der Arbeiterbewegung? Die Arbeiterbewegung trat ins Leben, als die Industrialisierung vorangeschritten war. Nur gemeinsam – solidarisch – konnten die Proletarier würdige Arbeits- und Lebensbedingungen erkämpfen; der Faktor Arbeit mußte erst bewertet werden, auch durch Streik. Besonders wirksam – ideell mehr noch denn materiell – war der große Bergarbeiterstreik, Mai 1889, als an der Ruhr 90.000 und in ganz Deutschland 150.000 Bergarbeiter im Ausstand waren. Das Wort von der Solidarität, das ein Allerweltswort geworden ist, hat hier, in der ersten Hochzeit der Industrialisierung, seinen sinnreichen Ursprung. Mit dem Alltagskampf einher ging von Anfang an der Kampf um den Glauben; erst beide Kämpfe zusammen haben die Bewegung ausgemacht und den Sozialismus mit Leben erfüllt.

Die Vision vom ganz Anderen, von Bebels konflikt- und herrschaftsfreiem Paradies, in dem nach Gewinn und Vorteil nicht gestrebt werden würde, durchzog die Bewegung auch, nachdem sie sich in Kommunisten und Sozialdemokraten gespalten hatte. Was das Gewinnstreben anbelangt: Alles würde allen gehören, die Vergesellschaftung der Produktionsmittel die Bedingung sein. Die Spaltung erfolgte nicht über die Frage nach dem Sozialismus, sondern über der nach seiner Durchsetzung – ob auf dem Weg über die Diktatur oder im Vertrauen auf den Selbstlauf der Dinge und die Einsicht der Wahlbürger. Das Menschenbild blieb dasselbe. Es gründete in der Vorstellung, daß ohne den Zwang zum

Gewinnstreben und in vollkommener, materieller wie sozialer, Sicherheit der Mensch zum Bewußtsein seiner selbst und zur höchsten Entfaltung komme. Und die soziale Basis blieb für beide Arbeiterparteien dieselbe – die Industriearbeiterschaft. Solange diese Basis hielt, oder man glaubte, daß sie halte, lebte die Vision fort, wie gebrochen auch immer. In gleichem Maße wie die Basis bröckelte, schwand die Kraft der Vision. Dort, wo diese totalitäre Gestalt angenommen hatte, klammerte man sich an die Arbeiterbasis. Sie durfte nicht bröckeln, denn in ihr gründete die Legitimation der Herrschaft. So durfte es Arbeitslosigkeit nicht geben; die Zahl der Arbeiter ist in den sozialistischen Diktaturen künstlich hochgehalten worden. Das konnte nicht gutgehen, als die Schere zwischen sozialen und ökonomischen Erfordernissen sich weit geöffnet hatte. Utopien hat es immer gegeben, und wird es, vielleicht, immer geben. Aber die sozialistische, die sich mit dem Namen Karl Marx verbunden hat, ist geschichtsmächtig geworden, weil eine soziale Kraft sie trug. Seit die Industriearbeiterschaft eine Kraft kaum noch ist, hat diese Utopie ihre Geschichtsmächtigkeit eingebüßt.

Nun hat die sozialistische Diktatur sich zu keiner Zeit auf den Mehrheitswillen der Bevölkerung oder auch nur der Arbeiterschaft stützen können. Aber daß die industrielle Produktionsweise diese Form der Diktatur hergab – auch diese Form sozialer Sicherheit – darf unterstellt werden. So war die Ahnung, die zu Beginn der achtziger Jahre an der Spitze der Sowjetunion heraufdämmerte, nicht moralischer Natur, sondern gründete in materieller Not. Die zentrale Planwirtschaft ließ dem technologischen Wandel keinen Raum, die Produktivität sank, der Rückstand zum Westen stieg und der Finanzbedarf ebenfalls. Es wird gelegentlich behauptet, die Stationierung der Mittelstreckenraketen habe die großen Einsichten herbeigeführt. Aber das ist in mehr als einer Hinsicht zu kurz gedacht, der Umdenkungsprozeß hatte in Teilen der sowjetischen Führung bereits eingesetzt – unter dem Druck der ökonomischen Daten.

Und im Westen? Die Frage stellt sich immer wieder aufs neue: Was hat das eine mit dem anderen zu tun? Die diktatorische und noch nicht einmal einträgliche Form des Sozialismus mit jener des zwar allzuständigen, aber demokratischen Sozialstaats? Wie kam ein Mann wie Peter Jenkins dazu, Labours vierte Niederlage in Folge in Parallele zu setzen zu dem abrupten Ende im Osten? „Good bye to All That“ überschrieb er vor nun einem Jahr seinen Bericht, in dem er am Beispiel England – dort wo alles angefangen hatte – nachwies, daß der Niedergang der Arbeiterbewegung, gewerkschaftlich und politisch, dem Ende des Industriezeitalters innewohne. Übrigens hatte ein anderer Beobachter und Kenner des demokratischen Teils der Bewegung, Anthony Crosland, im Jahr 1959 – dem Jahr des Godesberger Programms – vorhergesagt, daß Labour von damals 44 Prozent auf 30 Prozent im Jahr 1992 absacken würde; tatsächlich landete Labour im vergangenen Jahr bei 34 Prozent. Und das trotz eines grandiosen Wahlkampfs und eines angeschlagenen Gegners, der heute noch schlechter dasteht als 1992. Dennoch meint augenblicklich niemand im Schattenkabinett von Labour, daß man das nächste Mal gewinne. Ist die Lage in Deutschland soviel anders? Haben die demokratischen Arbeiterparteien des Westens überhaupt noch Zukunft? Wohl nur dann, wenn sie sich mit großer Konsequenz jener Tradition entledigen, die ihnen innewohnt. Kann eine solche Kehrtwendung überhaupt gelingen? Zur Tradition gehören nicht nur gewisse Rituale, die sich überlebt haben, sondern auch der Kampf um den Sozialstaat. Er gehört zum Wesen der Arbeiterparteien. Und mittlerweile auch zum Wesen anderer Parteien. Wie zeitgemäß aber ist gerade dieser Kampf?

Gewiß, man darf nicht alles mit allem vergleichen, und im Westen lebt man freiwillig und mit Vergnügen im Sozialstaat. Zudem haben ihn überall dort, wo er sich entfaltet hat, bürgerliche Kräfte befördert. Das Wort von der Sozialdemokratisierung der Unionsparteien kommt nicht von ungefähr, es hat zwar erst im vergangenen Jahrzehnt Echo gefunden, unter dem Einfluß von mancherlei Faktoren, zumal solchen des Wohlstands, aber seine Wurzeln reichen in die Anfänge des Sozialismus und des Sozialstaates zurück, die nicht zufällig zusammenfallen. Den Menschen gegen Not, ob verschuldet oder nicht, schützen und Massenelend bannen zu wollen, der Motive waren durchaus mehrere. Wie jede große Bewegung unterlag auch die der Sozialreform, wie man anfänglich sagte, Eigengesetzlichkeiten, je länger, desto mehr. Die Absichten des Anfangs lösen sich auf, und bald weiß niemand mehr, was wie gemeint war, und wann der Sinn in Unsinn umgeschlagen ist. Sinn war und Ausdruck, auf der Höhe der Zeit zu sein, die Gemeinschaft in Haft zu nehmen für die Ärmsten der Armen. Die Idee, daß der Staat nicht nur für die Reichen da sei, breitete sich in Deutschland rasch aus, kaum daß die Industrialisierung aus den Kinderschuhen heraus war. Und nur Ludwig Bambergers Nationalliberale schrieben diese Idee der Römischen Republik im Stadium ihres Verfalls zu. Daß Deutschland eine rundum verspätete Nation sei, stimmt nicht, nicht nur auf dem Gebiet der Sozialreform, aber hier besonders, war es allen anderen Nationen voraus. Seinem sozialistischen Kollegen in Frankreich hielt auch Bebel die vorbildliche Sozialreform des Kaiserreichs entgegen, er nannte auch die Volksbildung und den Eisenbahnbau, Gebiete, auf denen die französische Republik sich ein Beispiel nehmen könne. Möglicherweise ist es deshalb heute hier noch schwerer als andernorts, den Baum zurechtzuschneiden, den die frühen Wurzeln hervorgetrieben haben.

Wie war es dazu gekommen? Hatte Karl Marx auch dem ersten Reichskanzler einen Einfall eingegeben? 1884 bekannte Otto von Bismarck vor dem Reichstag: „Wenn es keine Sozialdemokratie gäbe, und wenn nicht eine Menge Leute sich vor ihr fürchteten, würden die mäßigen Fortschritte, die wir überhaupt in der Sozialreform bisher gemacht haben, auch noch nicht existieren, und insofern ist die Furcht vor der Sozialdemokratie in bezug auf denjenigen, der sonst kein Herz für seine armen Mitbürger hat, ein ganz nützliches Element.“ Das Protokoll vermerkt „Bravo“-Rufe der Sozialdemokraten und den Zusatz Bismarcks: „Ja, sehen Sie, in etwas sind wir doch einverstanden.“

Der Kanzler, der paternalistischen Vorstellungen anhing, hatte gemeint, auf diese Weise die Arbeiter ihrer eigenen Partei zu entfremden und unmittelbar an den Staat zu binden; das Wort vom Staatssozialismus machte die Runde. Diese Absicht mußte fehlschlagen, nicht nur weil die Parteiorganisationen gleichzeitig verboten wurden und ihre Leute verfolgt, sondern auch weil diese Form der Fürsorge, die in die vorindustrielle Welt gehörte, jene Welt, der Bismarck entstammte, überholt war. Aber wer fragt, wenn die Summe gezogen ist, wie sie zustande gekommen? Das Unternehmen gedieh; der Grundstein nicht nur für die Kranken-,

Unfall- und Alters- wie Invaliditätsversicherung war gelegt worden.

Und was sagten die, denen Bismarck das Unternehmen zuschrieb? Bebels SPD wollte und wollte auch wieder nicht. Man arbeitete mit und sagte am Ende nein. Die Begründung wiederholte sich: Nicht gut und nicht weit genug gehend, und Sozialpolitik sei nun einmal kein Sozialismus. Eine Reichstagsrede, für die er das ausdrückliche Lob von Karl Marx bekam, hatte Bebel schon 1881 mit dem Hinweis geschlossen, daß Kompromiß Aufgabe der Prinzipien bedeute. Dennoch oder gerade deshalb blieb Bebels Sozialdemokratie die treibende Kraft. Nichts wurde unversucht gelassen, eine Sozialpolitik ins Werk zu setzen, die bald zur sozialistischen Ersatzhandlung wurde. Das Menschen- und Weltbild blieb dasselbe. Demokratischer Sozialismus hat nie anderes gemeint denn den vollendeten Sozialstaat. Doch die Sozialreformen, aus denen einmal der Sozialstaat werden sollte, wurden von mehr als einer Seite in Gang gesetzt und in Gang gehalten; andernfalls hätten sie nicht so tiefe Wurzeln schlagen können. Das Zentrum, der katholischen Soziallehre und dem Prinzip der Subsidiarität verpflichtet, lehnte staatliche Eingriffe anfangs strikt ab, deren Ergebnisse aber billigte es, und bald unterwarf es sich, auch mangels praktikabler Alternative, der normativen Kraft des Faktischen. Faktisch war, was der Staat tat. Wer sonst?

Die Frage nach den Kosten hatten SPD und Gewerkschaften nicht zu beantworten und nicht einmal zu stellen, jedenfalls solange nicht, wie Kapital und Arbeit zwei verschiedene Größen waren, der Staat sich noch nicht vollends an deren Stelle gesetzt hatte und die Industriegesellschaft intakt blieb – mit festumrissenen Milieus und hierarchischen Strukturen im Großen wie im Kleinen. Sie blieb lange intakt. Die frühe Nachkriegsgesellschaft ähnelte der Gesellschaft des späten 19. Jahrhunderts mehr als der, die auf das Jahr 1968 folgt. Für die Erwirtschaftung dessen, was verteilt wurde, waren das Kapital zuständig und die politischen Kräfte, die sich ihm verbunden wußten. Im Kern hatte sich, wenn auch mit einem deutlich aufgewerteten Faktor Arbeit, die Konstellation erhalten, die dem Industriezeitalter von Anbeginn an innewohnte. Nun allerdings ist es, als habe sich ein Kreis geschlossen: Am Beginn zählte allein das Kapital, an seinem Ende aber wurde die Arbeit so teuer, daß kein Weg mehr herausführt. Am Anfang eines neuen Zeitalters, das vorläufig – in Ermangelung eines positiven Begriffs – das nach-industrielle genannt wird, erkennen wir aber auch, daß die Arbeit so weit gar nicht mehr verbilligt werden kann, als daß sich ein altes Gleichgewicht neu einstellen würde. Es gibt kein „Wieder" in einer Gesellschaft, der – Folge nicht nur, aber vor allem, von Rationalisierung und Internationalisierung – die Arbeit auszugehen droht.

Was das Jahr 1968 angeht: Abzüglich der schrecklichen Übertreibungen, zumal der deutschen Studentenbewegung, markiert es, auch wenn die Jahreszahl willkürlich ist, einen tiefen Einschnitt. Neue Produktionsweisen und bisher unbekannte mediale Wirkungen brachen sich, langsam erst, Bahn, und in ihrer Folge fiel aus der überkommenen gesellschaftlichen Ordnung, die eine der Hierarchien war, ein Stein nach dem anderen heraus. In den zwei Jahrzehnten seither haben sich eine untergehende und eine heraufziehende Unordnung ineinander geschoben. Erst heute treten die Folgen hervor. Die Individualisierung und Homogenisierung sind in aller Munde, und die „Erlebnisgesellschaft" ist Gegenstand großer Untersuchungen. Jeder lebt für sich, aber jeder lebt wie der andere. Daß jenes Jahr 1968 in unser aller Gedächtnis haften geblieben ist, hat mit diversen spektakulären Aktionen zu tun und auch mit der Renaissance Marxschen Gedankenguts, die Spielerei war und nicht von Dauer. Darüber ist jener tiefe Umbruch vergessen worden, der sich zu vollziehen begann, und der nichts anderes war als der Abschied von der Industriegesellschaft. Es mag übrigens sein, daß – Regierungserklärung 1969 – das Wort von mehr Demokratie, die gewagt werden solle, deshalb so wirksam war, weil es Erfordernisse vorwegnahm, denen heute in jedem mittleren Unternehmen Rechnung getragen wird.

Nicht nur der Chef einer Software-Firma geht anders mit seinen Mitarbeitern um, als der Fabrikherr mit seinen Arbeitern umgegangen ist; längst haben die neuen Technologien Einzug gehalten in alte Produktionsstätten. „Mehr Demokratie" meinte nicht den Unfug, der sich an den Universitäten oder im Bauplanungsrecht entfalten sollte, sondern jene Durchlässigkeit, ohne die heute weder intelligent noch effizient zu produzieren oder kommunizieren ist.

Man kann sich nicht oft genug klarmachen, daß Verhaltensweisen, einzelne und kollektive, sich nicht mit äußeren Ereignissen ändern und auch nicht einhergehen mit einem so tiefgehenden Wandel, wie ihn die neuen Technologien und die Medien herbeigeführt haben; auch die Institutionen passen sich nicht sofort und nicht von selbst gewandelten Verhältnissen an. Dieser Wandel konnte in den totalitären Gesellschaften des Ostens überhaupt nicht Platz greifen, die Aushöhlung des Systems und schließlich dessen Zusammenbruch – einem Kartenhaus gleich – war die Folge. In den liberalen Demokratien – mit kapitalistischer Wirtschaftsordnung – entfaltete sich der Wandel, aber nicht im ganzen, natürlich nicht. So haben wir es jetzt mit einer Anpassungskrise zu tun, der um so schwerer beizukommen ist, als die neuen Tatbestände sich nur schwer fassen lassen und sich überkommene Sitten und Gebräuche wie Blei auf manche Erneuerung legen; die sozialstaatlichen sind darunter die vielleicht wichtigsten.

Eingangs war – das Thema verpflichtete – nach dem Schicksal sozialdemokratischer und sozialistischer Parteien gefragt und auf den ebenso kraftlosen Zustand konservativer Parteien hingewiesen worden; beider Abwärtstrend ist frappierend, und ihre wachsende Ähnlichkeit ist es auch. Man erinnere sich: 1982 ging die sozialliberale Koalition an Ermüdung zugrunde und – an der wirtschaftlichen Kompetenz, die eine bürgerliche Regierung verkörpern würde, und die eine Mehrheit der Bevölkerung wünschte. Von dieser Kompetenz machte die neue Regierung jenes halbe Jahr Gebrauch, das zwischen Amtsantritt und Neuwahl des Bundestages lag. Hernach wurde fortgefahren, wo die SPD-geführte Regierung aufgehört hatte; was die geistig-moralische Erneuerung sein sollte, hat man bis heute nicht erfahren. Marx und alle, die sich in dieser oder jener Form auf ihn beriefen, hatten ihr Bild aufgrund festgefügter gesellschaftlicher Strukturen entworfen. Das taten auch die, die einem anderen oder gar entgegengesetzten Bild anhingen. Diese Strukturen zerfallen oder sind es bereits. Die Milieus, an die die Parteien gebunden waren, aus denen heraus und für die sie wirkten, sind nicht mehr. Wie sollen da noch Parteien sein, auf die unser erlernter Begriff paßt? Kann es sein, daß die Gesellschaft, so wie sie sich nun herauskristallisiert, unterschiedliche Gestaltung gar nicht mehr hergibt? Daß die Parteien programmfähig nicht mehr sind, kann nicht nur an der Statur ihrer Repräsentanten liegen. Alle großen Organisationen zeigen Risse, nicht zuletzt die Gewerkschaften und die Arbeitgeber. Jeder wird für jeden wählbar, die Politik buhlt um jede Stimme – auch dadurch, daß niemand etwas verantworten möchte. Wenn nur noch ängstlich gefragt wird, der Fluch der Medien und der Meinungsumfragen, was wer hören will, wie soll da noch politische Führung sein?

Die Gesellschaften, die sich die nach-industriellen oder mittlerweile auch die Mediengesellschaften nennen, weisen alle die gleichen Züge auf. In Deutschland treten sie jetzt nur schärfer hervor als irgendwo sonst. Aber hervorgetreten wären sie auch, wenn das sozialistische Imperium im Osten mit Gewalt noch länger zusammengehalten worden wäre. Auch in Ländern, die wie Frankreich oder Schweden keine Einheit zu bewältigen haben, führt der Sozialstaat die Ansprüche, die er nährt, ad absurdum – des Geldes wegen, und weil die Ahnung dämmert, daß so nicht gemeint gewesen sein kann, was in einem anderen Jahrhundert begonnen worden ist. Nirgendwo ist auch nur andeutungsweise erdacht, geschweige denn erprobt, wie der Sozialstaat, jenes schönste Kind der industriellen Epoche, in die Karl Marx hineingehört, in eine andere Epoche überführt werden kann. Überall wird repariert, nirgendwo reformiert. Und so ist es mit anderen überkommenen Einrichtungen und Traditionen auch.

Mögen die Bedenken nicht allzu groß sein. Die Bedenken, daß die Frage, was nach Marx komme, nicht beantwortet worden ist. Die Ehrlichkeit gebietet zu sagen, daß das neue Zeitalter ein Signum noch nicht trägt. So mag es sinnvoll gewesen sein, sich noch einmal klarzumachen, in welches Zeitalter Karl Marx hineingehört hat, und warum sein Gedankengut nur noch eine Angelegenheit der Geschichtsbücher ist. Um sich dem Neuen zuzuwenden, muß man das Alte abhaken und es nicht unnötig mitschleppen. Das Zeitalter, das jetzt heraufzieht, wird auf viele, viele verschiedene Begriffe gebracht werden müssen. Wer sie findet, hat, jedenfalls für diese Zeit des Übergangs, den Stein der Weisen gefunden.

Dr. Hugo Müller-Vogg
Mitherausgeber der Frankfurter Allgemeinen Zeitung;
Frankfurt/Main

Preisverleihung des informedia-Preises für Wirtschafts-Journalismus

Mancher mag sich fragen, haben wir nicht schon genügend journalistische Preise? Oder umgekehrt: Haben wir überhaupt genügend Journalisten, um für all die vielen Preise eine ausreichende Zahl von Preisträgern zu finden? Vor allem aber: Brauchen wir in der post-marxistischen Ära gar einen neuen Preis, der Arbeiten über die Marktwirtschaft auszeichnet?

Vor fünf Jahren noch wäre diese Frage, zumindest in diesem Kreis, uneingeschränkt bejaht worden. Nach dem Fall der Mauer, nach dem Zusammenbruch des real existierenden Sozialismus auf deutschem Boden und im gesamten Ostblock haben wir jedoch geglaubt, die Zeit der Auseinandersetzung zwischen Marktwirtschaft und Planwirtschaft sei endgültig vorbei, ordnungspolitische Debatten seien nicht mehr aktuell.

Die Welt hat eine dramatische Wendung durchgemacht, die sowjetische Bedrohung ist geschwunden, der Kalte Krieg ist zu Ende. Dennoch sind viele neue Bedrohungen und Gefahren aufgetaucht, nicht zuletzt Gefahren und Bedrohungen wirtschaftlicher Art. Deshalb ist die Zeit ordnungspolitischer Debatten nicht vorbei. Im Gegenteil: Im vereinten Deutschland steht uns „nach Marx“ eine neue ordnungspolitische Debatte ins Haus. Diese Debatte wird in einer im Vergleich zu den siebziger Jahren dramatisch veränderten Medienlandschaft stattfinden. In einer Medienlandschaft, in der es noch schwieriger sein wird, wirtschaftliche Themen in angemessener Weise zu behandeln.

Dieses Land hat unzählige ordnungspolitische Debatten erlebt. Schon deshalb, weil uns Deutschen die grundsätzliche, prinzipielle Auseinandersetzung besonders viel Vergnügen zu bereiten scheint. Diese Auseinandersetzungen werden allerdings zu unterschiedlichen Zeiten unter unterschiedlichen Überschriften geführt.

Die Systemfrage, also freie oder gelenkte Wirtschaft, hatte sich in den fünfziger Jahren darauf bezogen, wie verhindert werden könne, daß wirtschaftliche Macht in politische Macht umschlage. Das Ergebnis ist bekannt: Diese Debatte brachte uns die Kartell-Gesetzgebung und die Mitbestimmung.

In den siebziger Jahren galten dann Chancengleichheit und Verteilungsgerechtigkeit als Prüfsteine der „richtigen“ Wirtschaftsordnung. Politik und Wirtschaft beantworteten diese Herausforderung durch eine Politik der Nivellierung. Nivelliert wurden die Anforderungen im Bildungswesen, nivelliert wurden in gewisser Weise – und zwar per Tarifvertrag – Löhne und Gehälter. Die Arbeitsgerichte taten ein übriges, indem sie durch ihre Rechtssprechung den Beamtenstatus quasi auf die ganze Wirtschaft ausdehnten.

In den achtziger Jahren wurde das System vor allem unter ökologischen Aspekten unter die Lupe genommen. Welche wirtschaftliche Ordnung, so wurde gefragt, kann am ehesten Schluß machen mit der Verschleuderung des freien Gutes „saubere Umwelt“? Auch hier haben Gesetzgeber und Wirtschaft flexibel reagiert. Die deutsche Automobilindustrie brachte sogar das Kunststück fertig, Fahrzeuge mit Drei-Wege-Katalysator nicht nur auf dem amerikanischen Markt zu verkaufen, sondern auf dem deutschen Markt anzubieten.

Alle diese Herausforderungen sind nicht spurlos am deutschen Wirtschaftssystem vorübergegangen. Aber letzten Endes haben sich die Marktwirtschaftler in Politik und Wirtschaft gegen die Umverteiler und Subventionäre behaupten können. Natürlich ging das nicht ohne Landverluste, aber die Festung wurde gehalten.

Diese Verteidigung des jeweiligen „Status quo minus“ war unter besonderen Voraussetzungen gelungen. Die alte Bundesrepublik war nicht nur in strategischer Hinsicht ein Frontstaat. Die Leistungsfähigkeit der Marktwirtschaft ließ sich quasi vor der Haustür mit der planwirtschaftlichen Alternative in der ehemaligen DDR und im gesamten Ostblock vergleichen. Die wirtschaftliche Lage „drüben“ war ein Argument, das in manchen Diskussionen zwar belächelt, aber nicht ernsthaft bezweifelt worden ist, jedenfalls viele Jahre lang nicht.

Inzwischen hat der real existierende Sozialismus auf deutschem Boden Konkurs angemeldet. Man hätte glauben können, nun bräuchten wir nicht mehr über Ordnungspolitik zu diskutieren.

In der Tat waren nach dem Fall der Mauer im Westen sehr schnell diejenigen verstummt, die lauthals den unsozialen Charakter der Marktwirtschaft beklagt hatten. Selbst die Jungsozialisten und einige Einzelgewerkschaften verzichten seit 1990/91 darauf, ihre Forderung nach Vergesellschaftung der Schlüsselindustrien und Banken weiterhin gebetsmühlenartig vorzutragen.

Wer jedoch meint, damit sei die ordnungspolitische Diskussion nur noch eine Sache für Theoretiker und Historiker, wird noch ein böses Erwachen erleben. Mit dem Ende des Kalten Krieges ist zum Beispiel der Nord-Süd-Konflikt nicht entschärft worden. Und einige der von keiner Planungsbehörde mehr gehemmten Volkswirtschaften im früheren Ostblock entwickeln sich viel schneller zu Konkurrenten von Hochlohnländern wie die Bundesrepublik, als wir erwartet hatten. Jetzt sehen in Deutschland wie in anderen Industrieländern die Industriepolitiker und die Protektionisten ihre Chance. Die Japan AG als heimliches Vorbild gewinnt an neuer Zugkraft.

In dieser Diskussion werden die Befürworter der Marktwirtschaft keinen leichten Stand haben. In der alten Bundesrepublik wurde Marktwirtschaft vom Großteil der Bevölkerung bejaht, nicht weil das System unbedingt verstanden worden wäre, sondern weil es erfolgreich war. Diese Zustimmung droht im Westen mit steigender Arbeitslosigkeit, wachsender Abgabenbelastung und sinkendem Außenwert der D-Mark schwächer zu werden.

In den neuen Ländern ist die Ausgangslage noch schwieriger. Dort müssen die Menschen lernen, daß Marktwirtschaft nicht Wohlstand für alle über Nacht bedeutet, daß Wohlstand hart erarbeitet werden muß. Dies muß einer Bevölkerung vermittelt werden, die 40 Jahre lang in dem Sinne indoktriniert wurde, daß es alleine an der Regierung liege, ob es dem Volk gutgehe oder schlecht.

Natürlich werden wir keine plumpe und platte Argumentation nach dem Muster „Markt oder Plan“ mehr erleben. Ebensowenig wollen die Staats-Interventionisten die Unternehmer durch Ministerialräte ersetzen. Aber sie stellen die Welt so dar, als könnten ständige staatliche Interventionen in den Wirtschaftsablauf folgenlos bleiben. Nicht die Planwirtschaftler sind für die Marktwirtschaft gefährlich, sondern die Industriepolitiker und Protektionisten, die Transfer-Advokaten und Subventions-Verteidiger und last but not least die Umverteiler in allen Parteien.

Wir haben heute den höchsten Staatsanteil am Sozialprodukt und die höchste Steuer- und Abgabenquote aller Zeiten. Ironisch formuliert: Eine konservative Regierung hat es geschafft, alle Forderungen der Sozialdemokraten aus den siebziger Jahren zu erfüllen und zu übertreffen. Dennoch ist niemand mit diesem „Erfolg" zufrieden. Das wiederum ist in gewisser Weise beruhigend und stimmt hoffnungsvoll.

Bei den lauten Klagen über die hohen finanziellen Belastungen für die Sanierung der ehemaligen DDR wird leicht übersehen, welch einmalige Leistung in den letzten Jahren erbracht worden ist:

- Ein Land mit der Bevölkerungszahl Nordrhein-Westfalens ist wirtschaftlich am Ende, wird von Grund auf umstrukturiert und saniert.
- Dies geschieht, während gleichzeitig der Lebensstandard der betroffenen Bürger steigt.
- Und beim besten – oder schlechtesten – Willen kann niemand ernsthaft behaupten, in der ehemaligen DDR leide ein großer Teil der Bevölkerung existentielle Not.
- Auch die Finanziers dieser Umstrukturierung, nämlich die Bürger in der alten Bundesrepublik, haben seit der Vereinigung – trotz mancher Belastungen – keine Verringerung ihres Lebensstandards hinnehmen müssen.

Dies alles wird in der öffentlichen Diskussion – und dies ist vor allem eine Diskussion in den Medien – nicht entsprechend gewürdigt. Im Gegenteil: Es dominiert die negative Nachricht über aktuelle Schwierigkeiten, über Fehlschläge, über Lasten und künftige Belastungen.

Das ist zum einen Folge des journalistischen Selbstverständnisses. Lange Zeit hatten die deutschen Journalisten sich selbst als passive Beobachter und neutrale Berichterstatter verstanden. Inzwischen sieht sich eine Mehrheit eher in der Rolle von engagierten Kritikern, die mit ihrer Berichterstattung aktiv in das Geschehen eingreifen. Und dieser Anteil wächst mit der Verjüngung der Redaktionen überproportional.

Die aktuelle Diskussion über die vermeintlich katastrophale wirtschaftliche Entwicklung in den neuen Ländern, über industriellen Kahlschlag und Massenarbeitslosigkeit kann nur so verlaufen, wie sie verläuft, weil das Wissen der Westdeutschen über die tatsächliche Lage in der DDR vor 1989 rudimentär ist. Daß die SED ihre Bürger systematisch in die Irre geführt hat, daß die von ihr veröffentlichten Sondermeldungen über Planerfüllung das Papier nicht wert waren, auf dem sie standen, daß die meisten Statistiken nicht einmal gefälscht, sondern mehr oder weniger frei erfunden waren, dies alles ist bekannt. Das erklärt aber nicht, warum die westdeutschen Medien es vor 1989 versäumt haben, die tatsächliche wirtschaftliche Lage in der DDR auch nur annähernd richtig darzustellen.

Im Gegenteil: Ein großer Teil der westdeutschen Medien hat mit großer Hingabe an einem DDR-Bild gemalt, das einen Staat zeigte, der trotz einiger Nachteile und Schwächen, unter viel widrigeren Bedingungen als die Bundesrepublik sein eigenes Wirtschaftswunder vollbracht und sich als Nummer zehn unter den Industrieländern etabliert habe.

Dieses Bild setzte sich in den Köpfen der Westdeutschen fest. Obwohl jeder, der sehen konnte und sehen wollte, bei einer einzigen Fahrt durch die DDR feststellen konnte, wie es wirklich aussah:

- den katastrophalen Zustand der Wirtschaft
- die schlechte Qualität und den geringen Umfang des Warenangebots
- die Trostlosigkeit der Plattenbausiedlungen und den baufälligen Zustand vieler Altbauten
- nicht zuletzt die sträfliche Vernachlässigung des Umweltschutzes.

Aber all dies wurde ignoriert, obwohl die DDR bis 1989 in Hülle und Fülle das bot, wonach das Gros der deutschen Journalisten geradezu giert, nämlich negative Nachrichten.

Ich habe gesagt, wer sehen konnte und wollte, muß über die wirtschaftliche Lage der DDR Bescheid gewußt haben. Mancher aber wollte offenbar nichts sehen und nichts hören – aber dennoch darüber sprechen oder schreiben. So veröffentlichte „Die Zeit“ im Jahr 1986 über die DDR eine Serie mit dem Titel „Reise ins andere Deutschland“. Dort schrieb Theo Sommer zum Beispiel zum Thema soziale Sicherheit: „Es ist drüben ja in der Tat ein soziales System entstanden, das unseres in mancher Hinsicht in den Schatten stellt. Arbeitslosigkeit gibt es nirgends, im Gegenteil: Alle Manager jammern über Arbeitskräftemangel ...“

Zum Thema Wohnungsbau heißt es dort: „Der Wohnungsbau ist Erich Honeckers ureigenstes Anliegen. Seit er 1971 Parteichef wurde, sind über 2 Millionen Wohnungen errichtet worden. Bis 1990 will er das Wohnungsproblem ‚gelöst‘ haben. ... Das erklärt, weshalb die DDR zu einer richtigen Großbaustelle geworden ist. Es erklärt, weshalb die Stimmung sich gebessert hat und das Verhältnis zwischen Volk und Obrigkeit entspannter ist als je zuvor: Die Bürger sehen, daß es vorangeht ...“

Selbst den Schlangen vor den Geschäften konnte Theo Sommer 1986 Positives abgewinnen: „Oft genug, wenn man Menschen vor Geschäften Schlange stehen sieht, verrät dies nicht grundsätzlichen Mangel, sondern Sehnsucht nach Qualität.“ Und weiter: „So verlangt denn die Parteitags-Direktive zum neuen Fünfjahresplan bessere Ausstattung, modernen Wohnkomfort, ‚hochmodische Sortimente‘ ... Die Menschen hören's gern und warten ab, was daraus wird. Sogar ganz wohlgemut; auf anderen Gebieten haben sie ja erlebt, daß die Partei ihre Versprechen einlöst.“

Man sollte die Bedeutung der „Zeit“ nicht überbewerten. Diese Zeitung ist nicht der Hauptschuldige dafür, daß die Westdeutschen vor 1989 so unzutreffend über die DDR informiert wurden. Aber das, was ich soeben zitiert habe, war durchaus repräsentativ für den Zeitgeist, der damals kräftig durch die Redaktionsstuben wehte.

Vor diesem Hintergrund der vielfach unzutreffenden, auf jeden Fall völlig unzureichenden Informationen der Westdeutschen über die wirtschaftliche Lage in der DDR nimmt die Debatte über die Kosten der Einheit gefährliche Dimensionen an. Allmählich muß der nicht informierte Beobachter den Eindruck gewinnen, die Bundesregierung habe durch Nichtstun eine leistungsfähige Wirtschaft zusammenbrechen lassen und habe somit die Situation in den neuen Ländern verursacht.

Dies alles ist nicht das Werk finsterer Mächte. Nein, es ist das Werk überwiegend privatwirtschaftlich organisierter Medien. Dafür kann man die Öffentlich-Rechtlichen nicht allein verantwortlich machen. Die öffentlich-rechtlichen Anstalten sind nämlich nur noch im Hörfunk tonangebend. Sie bieten erstens mehr Programme an, und zweitens haben die Privaten ihnen das Feld der Information mehr oder weniger überlassen. Die privaten Hörfunkanbieter gefallen sich dagegen als Dudel-Funk, locker und flott vom Hocker, wenig Tiefgang, dafür aber hohe Werbeeinnahmen.

Auf dem Fernsehmarkt haben die Privaten bei den Zuschauerzahlen mit der öffentlich-rechtlichen Konkurrenz längst gleichgezogen, in den Kabelnetzen sie sogar überrundet. Sie konkurrieren nicht nur bei Unterhaltungs-Sendungen, sondern auch ganz gezielt bei Nachrichten-Sendungen und politischen Magazinen. Das Hinzutreten der privaten Fernsehanbieter hat den Wettbewerb erheblich verändert und verschärft. Weil gleichzeitig unter den Privaten ein Verdrängungswettbewerb im Gang ist, wird die Schlacht um Einschaltquoten noch unerbittlicher werden.

Dieser Wettbewerb ist keine Konkurrenz um die aktuellsten Nachrichten, die profundesten Hintergrundberichte, die beeindruckendsten Features, die anspruchsvollsten Kulturbeiträge. Dieser Wettbewerb wird entschieden bei der Unterhaltung und beim Sport, bei Game-Shows und Talk-Runden. Bei Talk-Shows, deren Zweck vor allen Dingen darin zu bestehen scheint, möglichst unterschiedliche Charaktere über möglichst ausgefallene Fragen diskutieren zu lassen. Etwa nach dem Motto: Ehemalige Nonne, drogensüchtiger Manager und evangelischer Nichtraucher diskutieren über Gewalt in nichtehelichen Lebensgemeinschaften unter besonderer Berücksichtigung des ihnen vorenthaltenen Steuersplittings.

Soweit die Politik betroffen ist, wird die Schlacht um die Einschaltquoten mit tatsächlichen und vermeintlichen Skandalen, mit Personality-Stories und vor allem mit Enthüllendem geführt. Die Öffentlich-Rechtlichen haben diesen Kampf um die Einschaltquoten durchaus angenommen. Aber nicht etwa, indem sie sich auf umfassende Information und anspruchsvolle Kultur konzentrieren. Nein, ARD und ZDF sind entschlossen, die Privaten mit deren eigenen Waffen zu schlagen.

Nach dem Motto „Für ein schlechtes Programm braucht man keine Privaten – das können wir selbst" kämpfen ARD und ZDF durch eine teilweise Programm-Nivellierung um ihre Einschaltquoten. So verliert das Fernsehen immer mehr seinen Charakter als Informations-Medium, entwickelt sich zum Unterhaltungsproduzenten. Das Programm gerät auf diese Weise zu einer Slalomfahrt um verbliebene Informationsinseln herum. Da drängt sich denn doch die Frage auf, ob mehr Wettbewerb tatsächlich mehr Qualität bedeutet, wie wir einmal in der Volkswirtschafts-Vorlesung gelernt haben.

Wie auch immer: Im Unterhaltungsmedium Fernsehen wird der Platz für Berichte aus der Wirtschaft und über die Wirtschaft knapp. Wo es nur um Einschaltquoten geht, haben wirtschaftliche Themen kaum Chancen. Denn die „kapitalistischen" Anteilseigner von RTL oder SAT 1 achten noch stärker als die öffentlich-rechtlichen Rundfunk- und Fernsehräte darauf, daß nur das ins Programm kommt, was hohes Zuschauerinteresse und damit hohe Werbeeinnahmen garantiert.

Wirtschaftssendungen rangieren eben in der Zuschauergunst ziemlich unten. Und deshalb haben sie in den privaten Programmen fast keine Chancen. Insofern war es keine Überraschung, daß RTL seine werktägliche Wirtschaftssendung „netto" nach drei Jahren eingestellt und den Versuch eines Wirtschafts-Blocks innerhalb des Frühstücks-Fernsehens sehr schnell wieder beendet hat. Auch die Telebörse, eine Innovation von SAT 1, läuft inzwischen im Deutschen Sportfernsehen unter ferner liefen.

Eine Einschränkung muß ich allerdings machen. Die Privaten hatten sich anfänglich verstärkt der Wirtschaft angenommen. Das wiederum hat auch ARD und ZDF gezwungen, sich etwas zu bewegen. Gäbe es die Privaten nicht, gäbe es zum Beispiel im „heute-journal" keine aktuellen Börsenzahlen und im Frühstücksmagazin von ARD und ZDF keine Wirtschaftsmeldungen. Sie sehen: Wer hinreichend bescheiden ist, erkennt Fortschritte und vermag sich an diesen zu freuen.

Das Fernsehen zeichnet sich heute durch eine bisher ungekannte Programmvielfalt aus. Mehr Programme bedeuten weniger Zuschauer pro Sendung. Das wiederum erhöht die Wahrscheinlichkeit, daß jeder von uns in einer Talk-Show auftreten kann, und niemand es bemerkt. Man mag dies bedauern, weil das Fernsehen seine Binde-Wirkung verloren hat. Die Zeiten, wo die halbe Nation am nächsten Morgen am Arbeitsplatz über denselben Krimi oder dasselbe politische Streitgespräch diskutieren konnte, kommen nicht wieder.

Das hat auch sein Gutes. Das Fernsehen ist unwiderruflich entautorisiert worden. Früher hatten die quasi monopolistischen öffentlich-rechtlichen Nachrichtensendungen und Magazine fast amtlichen Charakter, galten die von ihnen verkündeten Einsichten und Weisheiten fast als sakrosankt. Inzwischen hat die Flut der Programme und die Vermischung von Information und Unterhaltung den Verlautbarungen vom Bildschirm viel von ihrer Autorität genommen.

Bei deutlich rückläufigen Einschaltquoten von „Tagesschau" und „Tagesthemen" relativiert sich die Wirkung eines Kommentars, der das Recht auf Arbeit im Grundgesetz verankert wissen möchte, ohne gleichzeitig das Recht auf Umsatz und Gewinn dort festzuschreiben. Und im Infotainment der privaten Konkurrenz verliert auch die schwerwiegende politische oder wirtschaftliche Nachricht, eingebettet in Berichte über Bademoden und Bacardi-Werbung, viel an Wirkung.

Die Entwicklung des Fernsehens widerlegt im übrigen alle Befürchtungen, privat finanzierte Fernsehprogramme könnten Programme im Sinne der Wirtschaft sein. Nein, wer das befürchtet hatte, hat grundlos schlaflose Nächte verbracht – wer das Gegenteil gehofft hatte, auch. Die deutsche Wirtschaft ist nämlich treu – sich selbst treu. So wie die Wirtschaft durch ihre Anzeigen munter die Magazine finanziert, die sich über „Nieten in Nadelstreifen“ lustig machen und Woche für Woche den „Aberglauben“ an marktwirtschaftliche Mechanismen bekämpfen, so plaziert die Wirtschaft ihre Werbespots im Fernsehen fast ausschließlich nach der Einschaltquote und nicht nach der Tendenz bestimmter Sendungen oder Programme.

Wenn es richtig ist, daß das Fernsehen sich immer mehr zum Unterhaltungsmedium entwickelt, dann wird die Bedeutung der Tageszeitung als Informationsquelle nach meiner Einschätzung eher zunehmen. Dies zeigt das Beispiel der Vereinigten Staaten. Auch dort hat das Fernsehen die Zeitungen nicht verdrängt. Wenn die „New York Times“ jetzt im größten „newspaper merger“ aller Zeiten für den „Boston Globe“ 1,1 Milliarden Dollar zahlt, dann beweist dies vor allem eines: Daß die Zeitungen auch im Fernsehzeitalter Zukunft haben.

Angesichts der geringen Neigung des Fernsehens, sich mit wirtschaftlichen Fragen auseinanderzusetzen, wird die Wirtschaftsberichterstattung der Tageszeitungen wichtiger denn je. Denn anders als die elektronischen Medien, die immer auf bewegte Bilder angewiesen sind, kann die Zeitung wirtschaftliche Zusammenhänge darstellen und erklären. Das ist schon deshalb ein niemals endender Prozeß, weil täglich neue Leser hinzukommen.

Die Tageszeitung wird gerade in der meines Erachtens zu erwartenden neuen ordnungspolitischen Debatte eine wichtige Rolle spielen. Deshalb ist es erfreulich, daß die informedia-Stiftung mit dem neuen Preis für Wirtschafts-Journalismus von nun an Journalisten auszeichnet, die auf besondere Weise das Verständnis für wirtschaftliche Zusammenhänge wecken. Sie geht dabei zu Recht von der Erkenntnis aus, „daß sich wirtschaftspolitische Fehlentwicklungen und Fehlentscheidungen um so eher vermeiden lassen, je größer das Wissen um wirtschaftliche und ordnungspolitische Zusammenhänge ist“, wie es im Preis-Statut heißt.

Es gibt bekanntlich eine Fülle von Preisen für Wirtschaftsjournalisten und Wirtschaftspublizisten. Und doch ist dieser Preis einzigartig, schon deshalb, weil er mit 50.000 DM außerordentlich großzügig dotiert ist. Er ist auch einzigartig, weil weder Beiträge zur ordnungspolitischen Diskussion noch das Wirtschafts-Feature oder gar das Lebenswerk eines Publizisten ausgezeichnet werden sollen. Mit dem Preis werden allein die Autorinnen und Autoren solcher Zeitungs- und Zeitschriftenbeiträge geehrt, „die besonders geeignet sind, einer breiten Öffentlichkeit marktwirtschaftliche Grundprinzipien und Wirkungsmechanismen zu erklären“ (Statut).

Der informedia-Preis für Wirtschafts-Journalismus ist zum ersten Mal für das Jahr 1992 ausgeschrieben worden. Die Resonanz war erfreulich, insbesondere wenn man sie mit der Zahl der eingereichten Arbeiten bei anderen, längst etablierten Preisen vergleicht. Wie nicht anders zu erwarten, war die Qualität der Texte unterschiedlich, aber insgesamt war sie ermutigend, zumal sich eine erfreulich große Zahl jüngerer Kolleginnen und Kollegen an der Ausschreibung beteiligt haben.

An dieser Stelle darf ich meinen Jurykollegen sehr herzlich danken: Herrn Ludwig Georg Braun, Herrn Professor Dr. Otmar Issing, Herrn Klaus Kunkel und Herrn Peter Voß. Ihr Rat und ihr Urteil waren wichtig und wertvoll. Vor allem aber hat es mir Freude bereitet, mit Ihnen in der Jury zusammenzuarbeiten.

Damit kommen wir zur Preisverleihung: Der mit 25.000 DM dotierte 1. Preis geht an die Autoren der Serie „Soziale Marktwirtschaft“, die zwischen Januar und September 1992 in der „WirtschaftsWoche/Ost“ erschienen ist. Diese Serie stellt in 21 Folgen auf anschauliche und einprägsame Weise das marktwirtschaftliche Ordnungssystem dar: Vom Arbeitsmarkt über die Sozialpolitik bis zur Wettbewerbsgesetzgebung. Jede Folge war ergänzt durch ein Lexikon wichtiger Begriffe und durch Hinweise auf weiterführende Literatur. Dies alles war flott geschrieben, gut verständlich – und dennoch korrekt.

Die Autoren der Serie waren 15 Studentinnen und Studenten der „Kölner Schule – Institut für Publizistik“, die dort ihre journalistische Ausbildung erhalten. Wir hoffen, daß diese Auszeichnung für diese Damen und Herren auch ein Ansporn für ihre künftige journalistische Tätigkeit ist und gratulieren sehr herzlich.

Der Preis ist zugleich für die jungen Kolleginnen und Kollegen ein Lehrstück. Er lehrt, daß kollektive Leistung dem einzelnen viel bringt, aber nicht soviel wie eine Einzelleistung. Mit anderen Worten, statt eines Schecks gibt es 15, aber nicht 15 über jeweils 25.000 DM.

Der Preis geht an die Autorinnen und Autoren. Aber er ist zugleich eine Anerkennung der Arbeit der Kölner Schule. Ich freue mich deshalb, daß ihr Gründer und Leiter, Herr Heinz Stuckmann, hier ist. Mitfreuen dürfen sich ebenso Herr Reinhold Böhmer und Herr Dieter Dürand von der Ost-Redaktion der „WirtschaftsWoche“. Sie hatten die Themen festgelegt und die Serie redaktionell betreut. Ich darf nun Herrn Thomas Fischermann und Herrn Stefan Merx bitten, als Vertreter der Autoren und Autorinnen Urkunde und Scheck entgegenzunehmen.

Den mit 15.000 DM dotierten 2. Preis hat die Jury Herrn Ulrich Porwollik zuerkannt. Herr Porwollik hat im September 1992 im VDI-Magazin den Beitrag „Unternehmen rüsten um“ geschrieben. Er stellt am Beispiel der Rheinmetall Berlin AG die Schwierigkeiten dar, denen sich Unternehmen bei der Umstellung von militärischer auf zivile Produktion gegenübersehen. Dies ist kein leichtes Thema. Aber Herr Porwollik hat diese Aufgabe nach unserer Ansicht auf überzeugende und beispielhafte Weise gelöst. Herzlichen Glückwunsch!

Der mit 10.000 DM dotierte 3. Preis geht an Herrn Horst Monsees für seine Reportage „Bete und arbeite – Das Kloster und sein Wirtschaftssystem“. Sie ist am 18. April 1992 im „Weser-Kurier“ erschienen. In ihr schildert Herr Monsees am Beispiel der Benediktiner-Abtei Maria Laach, wie ein auf Selbstfinanzierung angewiesenes Kloster diese Aufgabe auf Erden meistert. Dies ist nicht nur ein originelles Thema; der Autor hat es nach Meinung der Jury auf ebenso lesenswerte wie informative Weise bearbeitet. Auch Ihnen herzlichen Glückwunsch!

Dr. Rainer Hildmann

Vorstand der informedia-Stiftung
Gemeinnützige Stiftung für Gesellschaftswissenschaften und Publizistik; Köln

Vor wenigen Tagen fand ich in einer internationalen Zeitung einen Kommentar mit der Überschrift „Deutschlands Problem ist das Problem Europas und der Welt". Darin wurde Franz-Josef Strauß mit dem Satz zitiert: „Wer immer ein Deutscher sein will, muß dafür Sorge tragen, daß er ein Europäer wird, solange es noch Zeit ist." Ich will diesen Satz unserem Symposium voranstellen, zu welchem ich Sie im Namen von Kuratorium und Vorstand der informedia-Stiftung sehr herzlich begrüßen darf. Wir freuen uns, daß Sie unserer Einladung zum 4. Symposium der Stiftung so zahlreich gefolgt sind, läßt uns dies doch vermuten, daß auch unser heutiges Thema die richtige Fragestellung zur richtigen Zeit ist. Wir betrachten es als eine der herausragenden Aufgaben der Stiftung, sich mit Fragen der Zeit, die uns alle bewegen, zu beschäftigen und den Versuch zu unternehmen, Antworten zu finden. Und da wir das alle nicht alleine können, bedienen wir uns des Rates von Menschen, die sich beruflich den von uns gestellten Fragen widmen. So danke ich an dieser Stelle besonders den Referenten und den Moderatoren für ihre Mühe und Arbeit, mit uns gemeinsam das Thema, „Was nun – Was gibt uns Halt?! Ideen zwischen Sicherheit und Chaos", zu diskutieren. Unsere Sicherheit und unsere Identität können wir als Europäer nur in Europa finden, einem derzeit schwankenden Europa, für das wir noch nach Ideen suchen, die es wert sind, an sie zu glauben. Kann die Verwirklichung von Europa, die Realisierung einer europäischen Identität nicht ein solches Ziel für uns alle sein?

Es geht uns nicht um Zukunftsangst und deren Bewältigung. Zukunftsängste sind sicher so alt wie die Menschheitsgeschichte selbst. Es geht uns um die Lösung von Problemen, die Menschen geschaffen haben, und die nur von Menschen gelöst werden können. Aufbauend auf unseren eigenen Kenntnissen der Vergangenheit und des Ist-Zustandes, wollen wir mit den Referenten und Ihnen gemeinsam Ideen und Möglichkeiten andenken, nach Orientierungen suchen, die uns helfen, den Zustand der Orientierungslosigkeit, in dem wir glauben uns zu befinden, zu überwinden.

Politik

Moderation: Werner Giers,
Mitherausgeber und Chefredakteur
Münchner Merkur; München

Werner Giers

Grüß Gott, meine Damen und Herren. Ich setze Ihr Einverständnis voraus, wenn wir ohne lange Vorrede zur Frage kommen: „Was nun – Was gibt uns Halt?!" Ich meine, daß das eine sehr schwierige Frage ist, und daß derjenige, der sie vollgültig beantworten könnte, fast nobelpreisverdächtig wäre. Wie die Veranstalter betont haben, geht es nicht so sehr um eine Analyse – der aktuelle Sachverstand wird, wie Sie gelesen haben, bei allen vorausgesetzt –, sondern um Ideen und Überlegungen, die in die Zukunft reichen. Frau Dr. Seebacher-Brandt hat die Frage gestellt, ob wir überhaupt Halt brauchen. Ohne Theologie und Philosophie bemühen zu wollen, darf ich für mich persönlich doch sagen, daß ich nicht ohne Halt leben müssen möchte.

Wie Dr. Fukuyama in seinem vielbeachteten Buch „Das Ende der Geschichte" erläutert hat, bestimmen zwei Triebkräfte das menschliche Handeln: Das Streben nach Sicherheit und materiellem Wohlstand sowie das Streben nach Freiheit und Anerkennung. Beide Bedürfnisse vermag die liberale Demokratie am besten zu befriedigen, aber auch sie muß bekanntlich Orientierungsschwierigkeiten und Orientierungskrisen, Schwächeperioden und Destabilisierungstendenzen überstehen.

Darüber werden wir diskutieren und uns dabei bemühen, den nachfolgenden Subsystemen Wirtschaft und Gesellschaft nicht ins Gehege zu kommen, wobei sich partielle Überlappungen sicherlich nicht vermeiden lassen.

Dr. Joachim Fest

Mitherausgeber der Frankfurter Allgemeinen Zeitung;
Frankfurt/Main

Zu den nicht hinreichend beachteten Begleitumständen der Ereignisse von 1989/90 zählt, daß der Zusammenbruch des Sozialismus ohne Triumphgeschrei von seiten des Westens erfolgte. Es gab keine Siegesfeste, keinen verbreiteten Jubel, und der Tanz auf der Berliner Mauer, die Tränen und die Umarmungen in der vereinten Stadt, feierten weit mehr das Wiedersehensglück als einen politischen Sieg. Nie jedenfalls, glaube ich, ist eine historische Wende von solchem Gewicht so stumm und von so viel verlegener Sprachlosigkeit begleitet gewesen wie diese.

Zu den Gründen dafür zählt nicht nur, daß das Desaster des Sozialismus zugleich das Desaster seiner ungezählten Anwälte hier wie dort war. Vielmehr war auch eine ungenaue Ahnung im Spiel, daß der Zusammenbruch des dualen Mächtesystems neue Bedrohungen mit sich bringen werde, und daß sie kaum geringer, sondern nur von anderer Art sein würden als die Bedrängnisse, die der imperialmissionarische Kommunismus der Welt bereitet hat.

Zu den erst ansatzweise ins Bewußtsein tretenden Gefahren zählt ein Dilemma, das aus den liberalen Gesellschaften selber kommt und mit ihrem Wesen zusammenhängt. Zur großen Verführungsmacht des Sozialismus gehörte zeit seines Bestehens, daß er ein pseudoreligiöses Welterklärungssystem bot, das die Verhältnisse nicht nur in ein einfaches Gegenüber von Gut und Böse, Freund und Feind teilte, sondern vielmehr den Menschen auch jene Gewißheiten bot, deren sie bedürfen. Das war, ob er sich nun dazu bekannte oder nicht, seine utopische Essenz. Und die eigentliche Suggestion des Sozialismus aller Spielarten gründete darauf, daß er den Menschen das Utopieverlangen als gleichsam angeboren einzureden vermochte, indem er jeden Seufzer, der je auf der Welt gehört worden war, und alle Klagen über die friedlosen und ungerechten Zustände als Ausdruck der Suche nach der ideal geordneten Gesellschaft ausgab. Im Sozialismus, so machte er selbst glauben, hatte dieses dunkle Menschheitsverlangen erst seine unwiderlegliche, durch das historische Gesetz geradezu wissenschaftlich begründete Gewißheit gewonnen.

Geblieben sind von alledem die Alpträume der verwirklichten Utopie. Da sie wie alle solche Idealentwürfe einen neuen Menschen voraussetzte, war der Zusammenbruch des Sozialismus zugleich der Triumph der Anthropologie über die Geschichtsphilosophie, der condition humaine, die immer ist, über alle erdachten Zukunftskonstruktionen. Aus dem Geisterreich, das die utopischen Weltheilungsdespotien erträumten, kehrt der Mensch wieder zu sich selbst zurück. Aber zugleich ist offenbar geworden, daß zu jener condition humaine auch das Verlangen nach einem Glauben zählt, nach einer Verheißung oder doch einem überpersönlichen Gedanken, der den Menschen hilft, mit den Ungereimtheiten und tausend Nöten fertig zu werden, die das Leben selber, in welcher Ordnung auch immer, ausmachen.

Dieser Glaube ist mit dem Untergang der sozialistischen Regime verlorengegangen. Was wir im ehemaligen Jugoslawien, in den Nachfolgestaaten der Sowjetunion und demnächst womöglich in Ungarn oder anderswo in Südosteuropa erleben, ist unter anthropologischem Aspekt auch der Versuch, wieder festen Grund unter die Füße zu bekommen und wenigstens ethnische Gewißheiten wiederzuerlangen. Wo alles schwankt, gewährt der Rückzug darauf einen im Unvordenklichen begründeten sicheren Halt.

Seither macht sich im ehemals westlichen Lager eine Stimmung breit, deren noch ungeordnete Symptome in der Einsicht zusammenlaufen, mit dem Untergang des Sozialismus mehr verloren zu haben als einen Gegner. Immerhin hatte ihm die anhaltende Auseinandersetzung mit der totalitären Welt einen übergreifenden Gedanken vermacht, der ihm Bindung und Zusammenhalt gab. Zwar war der kämpferische Selbstbehauptungswille der fünfziger Jahre (Kalter Krieg) im Laufe der Zeit so müde geworden, daß Ronald Reagans Formel vom „Reich des Bösen“ auf der eigenen Seite größere Mißbilligung erfuhr als dort, wohin sie zielte. Aber Spuren einer Widerstandsgesinnung hatten sich bei uns doch erhalten, wie schwer sie auch hinter all dem kritischen Gerede derer auszumachen blieben, die dem sozialistischen Lager, seiner historisch angeblich überlegenen Idee wegen, ungezählte Zugeständnisse machten. Doch inzwischen gehen selbst die Reste einer Vorstellung verloren, was es mit freiheitlichen Zuständen eigentlich auf sich hat.

Hier liegt der Kern der Krise, deren Beben sich in zwar noch diffusen, aber unüberhörbaren Klopfzeichen ankündigt. Ihr auffälligstes Merkmal ist das rapide ansteigende Unbehagen an der Politik, das zumindest die europäischen Demokratien befallen hat. In verallgemeinernder Sicht besitzt es zwei Ursachen. Die eine hat mit der Erfahrung zu tun, daß alle politischen Entscheidungen angesichts der übersehbaren, von widerstreitenden Vorstellungen beherrschten Gruppenegoismen blockiert werden und der Staat zusehends zur Handlungsunfähigkeit verurteilt ist – ein ohnmächtiger Leviathan. Die andere entstammt der sich ausbreitenden Einsicht, daß die Politik keine Antworten auf die Orientierungsnöte hat und noch weniger, als die abgelaufene Epoche glauben machten wollte, der Boden des Glücks ist.

Die Symptome dieses in Enttäuschung und zum Teil auch Politikhaß umschlagenden Mißbehagens sind überall greifbar. Schon verglich der ehemalige französische Außenminister Roland Dumas die antiparlamentarische Stimmung in Frankreich mit dem präfaschistischen Klima zwischen den Weltkriegen. In England sind innerhalb von zwanzig Jahren die zustimmenden Antworten auf die Frage, ob das Land mit sich im reinen sei, von 67 Prozent auf ganze 10 Prozent gefallen, und jeder zweite Bürger versichert, lieber anderswo und möglichst weit weg von den heimischen Verhältnissen leben zu wollen. Während in Italien mehr und mehr Beobachter mit kaum verhohlener Genugtuung davon sprechen, daß diese eigentlich verspätete Nation Europas endlich ihrem 14. Juli entgegengehe, auch wenn die Craxi, Andreotti, de Mita und Carnevale nicht den Weg zum Schafott, sondern nur in die Gefängnisse antreten müßten. Und in Deutschland verliert ein von partikularen Interessen zusehends blockierter Staat, die Fähigkeit mit den Problemen der Vereinigung, der Asylbewerber, der inneren Sicherheit oder den sozialstaatlichen Egoismen zurechtzukommen. Solange sich die westlichen Demokratien an den staatssozialistischen Regimen messen konnten, lag ihre Überlegenheit auf der Hand, zumindest erschienen ihre Schwächen in milderem Licht. Jetzt treten sie offen hervor.

Soweit die derzeitige Krise auf die sich ausbreitende Orientierungsverlegenheit zurückzuführen ist, spricht nur weniges dafür, daß die liberalen Ordnungen sie aus eigener Kraft bewältigen werden. Denn es ist ihr großer, gleichsam angeborener Mangel, daß sie keinen greifbaren, die Leiden und Ängste der Menschen rechtfertigenden Lebenssinn vermitteln. Sie halten keine mobilisierende Hoffnung für irgendwen bereit und werfen den einzelnen lediglich auf das zurück, was er als individuelle Erfüllung begreift. Jene Postmoderne, die das verbreitete Lebensgefühl der fortgeschrittenen Industriegesellschaften ausmacht, ist im Grunde nichts anderes als der Ausdruck der auf den eigenen Begriff gekommenen, ihm jedenfalls nahegerückten offenen Gesellschaft: Eine Welt, in der alles geht, und das heißt zugleich, nichts wirklich wichtig ist; in der die Laune über die Norm triumphiert und eine Generation von Erben mit dem Vermächtnis mühsam erworbener Prinzipien ein fröhlich-verzweifeltes Feuerwerk veranstaltet.

Der Prozeß und seine fatalen Zirkelbewegungen sind seit der Antike wieder und wieder beschrieben worden, und statt das historisch zu verfolgen, will ich nur sagen, daß erst unlängst wieder Ernst-Wolfgang Böckenförde diesen zyklischen Prozeß auf die Formel gebracht hat, daß die freien Gesellschaften die Voraussetzungen nicht erzeugen können, die ihre Existenz gewährleisten.

Die Frage ist, wie diese Kalamität dennoch vermieden und die einmal errungene Freiheit einer Gesellschaft halbwegs dauerhaft gemacht werden kann; wo die Widerstandskräfte in ökonomischen und politischen Krisenlagen herkommen sollen, wie überhaupt denen, die unter freien Verhältnissen leben, ein Bewußtsein der prekären Natur eines solchen Gemeinwesens, das gleichsam immer dicht am Rande des Abgrunds steht, sich vermitteln läßt. Mein Korreferent Dr. Francis Fukuyama hat das Dilemma mit der extrem zugespitzten Bemerkung beschrieben, daß „eine liberale Demokratie, die alle zwanzig Jahre einen kurzen, entschlossenen Krieg zur Verteidigung ihrer Freiheit und Unabhängigkeit führen könnte, bei weitem gesünder und zufriedener wäre als eine Demokratie, die in dauerhaftem Frieden lebt“.

Der Überlegung liegt nicht nur die Einsicht in den unvermeidlicherweise erlahmenden Freiheitswillen saturierter Demokratien zugrunde, vielmehr spielt auch der Gedanke hinein, daß liberale Strukturen, Gewaltenteilung, Marktwirtschaft sowie das ganze Regelwerk freiheitssichernder Gesetze nur die Instrumente eines geordneten Zusammenlebens sind, nicht schon die Sache selbst. Die bleibt vom Scheitern bedroht, die Beispiele dafür sind unschwer zu finden. Man muß sich nur, bei allen Unterschieden der historischen Lage, der Zwischenkriegsepoche erinnern, als mit Ausnahme der Tschechoslowakei in sämtlichen Ländern Mittel-, Ost- und Südeuropas, in dreizehn Staaten insgesamt, innerhalb kurzer Frist die gerade errichtete und mit Befreiungsjubel begrüßte freiheitliche Ordnung in den Selbstblockaden und bornierten Lüsten des Parteienregiments unterging. Im ganzen bietet die Geschichte der Weimarer Republik, wie wir Deutschen am besten wissen, noch immer den anschaulichsten Modellfall dafür, wie vergeblich alle verfassungspolitischen Vorkehrungen sind, wenn die Menschen der freiheitlichen Ordnung überdrüssig werden und ihr den Rücken kehren.

Was hinzukommen muß, sind ein Kodex vorgegebener Überzeugungen, Bewußtsein für Formen und Institutionen, Vernunft und Weitsicht, auch Verläßlichkeit, Anstand und Gesetzestreue, kurz alles das, was nach wie vor der aus der Welt geratene Begriff der Bürgertugenden umschreibt. Aus dem instrumentellen Charakter der Strukturen, die diesen Eigenschaften nur den Entfaltungsraum verschaffen, folgt, daß sie aus sich heraus wenig emotionale Kraft besitzen. Mit einer treffenden Wendung hat Ralf Dahrendorf die politischen und wirtschaftlichen Prinzipien der freien Gesellschaften „cold projects“ genannt. Als bloße Bedingungen freiheitlicher Verhältnisse ergreifen sie niemanden, stillen keine Sehnsucht, und erwärmen nicht das Gefühl. Sie sind nur die leere Bühne in Erwartung der Akteure, die sie erst mit Leben erfüllen sollen.

Indessen gibt es Ausnahmesituationen. In dem Entstehungsepos der Schweiz, der Geschichte des Abfalls der Niederlande von der spanischen Herrschaft oder den „Federalist Papers“ der Gründungsväter der Vereinigten Staaten wird jene überschießende emotionale Tendenz anschaubar, die jedes liberale Gemeinwesen über allen sachlichen Regelungsbedarf hinaus benötigt. Bezeichnenderweise ist es, wie diese Beispiele zeigen, fast durchweg die umkämpfte Geburtsphase freiheitlicher Ordnungen, in denen das, was John Jay „the charms of liberty“ genannt hat, seine Wirkung entfaltet.

Offensichtlich hat das damit zu tun, daß solche Zeiten einen Gegner kennen und ein Ziel. Die eigentliche Bewährungsprobe für liberale Ordnungen rückt daher erst heran, wenn der Gegner überwunden und das Ziel erreicht scheint. Eben jetzt. Nicht ohne Grund war in den fünfziger Jahren, wie in einem späten Nachhall, etwas vom Pathos der amerikanischen Verfassungsväter zu vernehmen, auf dem Höhepunkt des Kalten Kriegs. Bei Arthur Koestler, Ignazio Silone, George Orwell, Albert Camus und allen denen, die sich um den „Monat“, um „Preuves“ und „Encounter“ zusammenfanden, war dieser Ton eines fast zivilreligiösen Bekennertums noch einmal auszumachen.

Seit aber die liberale Ordnung mit dem Jahre 1989 spätestens die Herausforderung verloren hat und wieder zum bloßen System von Verfahrensregeln geworden ist, benötigt sie für ihren Bestand mehr denn je den festen Grund gemeinsamer Prinzipien und vorgegebener Werte. Aber deren Abbau ist, wie wir alle täglich erleben können, in vollem Gange, und die wenigen Überbleibsel lösen sich auf im Stimmengewirr pluralistischer Diskurse. Das bringt es mit sich, daß eine wachsende Zahl sich in dieser Ordnung wie ausgesetzt und von allem orientierenden Sinn verlassen fühlt. Die im ganzen glücklichen Jahrzehnte der Nachkriegszeit, die keine existenzbedrohenden Krisen durchzustehen hatten, sondern im Gegenteil einen Zusammenhang von Demokratie und materiellem Wohlstand zu gewährleisten schienen, haben viele blind dafür gemacht, daß die offene Gesellschaft diese offene Flanke hat.

In seinem emotionslosen Pessimismus hat Alexis de Tocqueville die Erosionsgefahren demokratischer Ordnungen schon zum Zeitpunkt ihrer Entstehung vorhergesagt. Zu ihren unvermeidbaren Verhängnissen rechnete er, daß die Interessen die Überzeugungen verdrängten und die strengeren Grundsätze sich zu „einer Art Gedankenstaub“ verflüchtigten. Ahnungsvoll beschrieb er die trügerischen Quietismen einer Gesellschaft, die keine tief im Bewußtsein eines jeden verankerten Überzeugungen kennt, folglich auch keinen Willen zur Freiheit mehr besitzt, und statt dessen der Sättigung unendlich vieler, in tausend Richtungen treibender individueller Launen nachjagt. Hier ist bereits, wie bei Jacob Burckhardt auch, die heraufziehende „Ethisierung“ des Wohlstandsideals vorausgesehen, die mit moralischem Gestus unterbaute Forderung auf Bedienung eines verbreiteten Konsum- und Vergnügungsverlangens, dessen Erfüllung mehr und mehr über Wohl und Wehe der demokratischen Gesellschaften entscheidet und unterdessen nahezu ihr einziges Erfolgskriterium geworden ist. Die zentrale Sorge, die am Ende alle beherrscht, vermerkte Tocqueville in Sätzen, die wie eine Zustandsbeschreibung der Gegenwart klingen, sei die Furcht vor materieller Unordnung, vor der Störung der Wohlstandsgarantien und jenes kleinen, aber zum Maßstab erhobenen Gewerkschaftsglücks, das ein zunehmend omnipotenter Staat zu gewährleisten hat.

Was tun? schrieb Thomas Morus am Ende seines fiktiven Berichts vom schönen Land Utopia. Lenin hat die Frage vierhundert Jahre später, wenn auch ohne jeden skeptischen Unterton, wieder aufgegriffen und mit einer Geste gläubiger Siegeszuversicht beantwortet. Sie gründete auf seine Überzeugung, einer Millionenzahl herrenlos herumstreunender Glaubenserwartungen verlorene Gewißheiten zurückzuschenken. Denn offensichtlich braucht der Mensch eine Hoffnung, einen Halt, die sein Dasein übersteigen, eine Sehnsucht nach etwas ganz Anderem, Großem und Fraglosem, das ihm eine Bestimmung gibt über die Glückserfüllungen eines hedonistischen Zeitalters hinaus, man kann auch sagen, nach Transzendenz.

Dieses Bedürfnis ist seit dem Niedergang der christlichen Glaubensgewißheit von den Utopien in Anspruch genommen und umgedeutet worden. Bezeichnenderweise setzt der Aufstieg der Utopien historisch in dem Augenblick ein, in dem die christliche Botschaft ihre Macht einbüßt. Und ganz entsprechend zählt zu den Folgen ihres Zusammenbruchs, daß viele Parteigänger des Utopischen die Ereignisse von 1989 als eine Art metaphysischen Verlust erlebten. Wie stark die pseudoreligiöse Verheißung war, die den innersten Kern gerade der sozialistischen Botschaft bildete, deuten die Ersatzreligionen an, die unterdessen überall, in der ehemals kommunistisch beherrschten Welt vor allem, aus dem Boden schießen. Nicht wenige Beobachter glauben, die Welt sei ohnehin von einer machtvollen antirationalistischen Grundwelle erfaßt, einer Gegenreformation, in der ein zweihundert Jahre altes Weltbild, das den Menschen zum Herrn seines Schicksals ausrief, zu Bruch gehe. Nach so vielen anhaltenden Schüben zur Entmythologisierung schlage die Tendenz nun wieder um, der Mensch fliehe zurück in bergende Dunkelheiten und fördere aus lange verschütteten Schichten die Einsicht zutage, daß sein eigentliches Zuhause im Archaisch-Irrationalen liege, biete es sich nun als Bhagwan, New Age oder Neue Esoterik an.

In die gleiche Richtung deutet eine Vielzahl weiterer Erscheinungen, angefangen von den ausbruchartig um sich greifenden neuen Exzessen und der Gewalt bis hin zu den Massenauflagen esoterischer Werke, wo von Dämonenspuk und der Wiederkunft alter Götter die Rede ist, sowie auf feinsinnigerer Ebene in dem Echo, das eine bestimmte Erbauungsliteratur von Eugen Drewermann über Franz Alt bis zu Luise Rinser findet, und wo aus Privattheologie und Schwarmgeisterei immer neue Rezepturen für rückschlägige Sehnsüchte zusammengebraut werden. Aber auch jedes Rockkonzert offenbart die Regressionsbedürfnisse großer Massen, und es vervollständigt diesen Befund nur, daß der Rocksänger David Bowie sich unlängst nach einem Konzert vor über 70.000 Zuhörern auf die Knie warf und in schluchzendem Ton das Vaterunser hersagte.

Die in alledem sich meldende Frage, wer oder was die metaphysische Bedürftigkeit des Menschen auf eine Weise stillen kann, die ihr Zusammenleben in Formen geordneter Freiheit möglich macht, ist schwer zu beantworten. Es macht die Schwäche und die Größe liberaler Ordnungen aus, daß sie dazu nicht in der Lage sind. Die elementare Lehre der abgelaufenen Epoche lautet, daß die Politik jedenfalls dafür keine oder nur abschreckende Antworten bereithält, auch wenn sich die haltsuchenden Erwartungen vieler wie in einem Reflex noch geraume Zeit auf sie richten werden. Doch die Suche nach einem Lebenssinn, nach Hoffnungen und festem Grund kann sie schlechterdings nicht erfüllen. Das alles muß nach so langer Vergesellschaftung, wie ich meine, wieder zur Sache des einzelnen oder doch einzelner gesellschaftlicher Gruppen werden. Das Verlangen nach sinnvermittelnden Antworten von seiten der Politik leistet nichts anderem als den totalitären Tendenzen Vorschub, die eben deshalb totalitär sind, weil sie auch dafür die Zuständigkeit beanspruchen.

Die Schwierigkeit liegt darin, daß mit der Entkoppelung der religiösen von der politischen Sphäre auch der Grundbestand an ethischen und sinngebenden Vorgaben verlorengehen kann, den ein Gemeinwesen benötigt. Wenn alle utopischen Modelle, gleich welcher Richtung, ins Ausweglose führen, zugleich aber die christlichen Gewißheiten ohne Kraft und weiterhin im Schwinden oder sogar im Absturz begriffen sind, gibt es für das Verlangen nach Transzendenz keine Antworten mehr. Dahinter steht die allgemeine Frage, wie ohne Religion und damit ohne einen Normenkatalog, der in einem Jenseits verankert ist, überhaupt noch ein Ethos entwickelt und zur Richtschnur des Verhaltens ausgebildet werden kann. In den „Dämonen“ hat Dostojewski die Anstrengung beschrieben, die es macht, eine Welt autonomer Menschen, das heißt ohne Gott und folglich ohne jedes regulative Prinzip, zu errichten.

Es fehlt nicht an Bemühungen, diesem Dilemma, das aus dem offenen Glaubensproblem der postchristlichen Gegenwart herrührt, ohne utopische Zielvorstellungen zu begegnen. Hans Jonas hat ihm mit einer besonderen Verantwortungsethik zu begegnen versucht, Carl Friedrich von Weizsäcker die Grundsätze einer „asketischen Weltkultur“ formuliert oder Joschka Fischer angesichts der globalen Gefährdungen das Prinzip der „selbsterhaltenden Vernunft“ als eine Art Moralgesetz „der entzauberten Moderne nach dem Ende der Utopie“ ausgerufen.

Aber alle diese und andere Entwürfe einer sogenannten „postmateriellen Utopie“ (Richard Saage) entkommen dem utopischen Dilemma nicht, der Frage nämlich, wie die utopische Ausgangsmaxime, wonach es mit der Welt nicht weitergehen dürfe wie bisher, auf jene Gewalt verzichten kann, in der doch nicht nur der

Schrecken, sondern auch die heimliche Faszination der großen Entwürfe lag.

Niemand vermag zu sagen, ob eine utopische Botschaft in absehbarer Zeit noch einmal auf Resonanz stoßen wird. Und mag sie sich sozialistisch, faschistisch oder theokratisch oder unter einem anderen Vorzeichen organisieren, sie wird, wie ich glaube, nur Massenanhang finden, sofern sie einen eigenen Fundamentalismus entwickelt mit einem apokalyptischen Prospekt im Hintergrund, durch den die Welt hindurch muß, um endlich zur großen Versöhnung zu gelangen. Dergleichen ist nicht in Sicht, im Augenblick jedenfalls.

Wo alle Wege enden oder in Widersprüche geraten, muß sich die Sorge, die Sorge von uns allen, wenigstens auf die Bewahrung der mit Unzulänglichkeiten aller Art behafteten, aber eben doch halbwegs freien Ordnung richten. Das mag vielen ein nur geringer Trost sein, weil es das Pathos der großen Lösung vermissen läßt, die es aber nicht gibt. Zu dieser Bestandssicherung zählt, und das ist wenig, wie ich weiß, ein rigoroseres Beharren als derzeit üblich auf den wenigen ganz elementaren Normen, die ein liberales Gemeinwesen ausmachen, sowie die von schärferen Sanktionen bedrohte Sicherung ihrer Grundregeln und die solidere Verantwortung und ständige Adjustierung ihrer Institutionen. Nach einem Gedanken von Thomas Hobbes gibt es überhaupt keine Freiheit, wo nicht zugleich freiheitsbeschränkende Normen gelten, sei es in Form von Gesetzen oder selbstauferlegten Verboten. Das ist eine Überlegung, die den libertären Gesellschaften der Gegenwart wahrhaft unendlich fern liegt. Ihr blinder, beinahe ungeteilter Beifall schlägt vor allem im Kulturbetrieb gerade denen entgegen, die den Abbau von Restriktionen und Tabus betreiben, und es gab und gibt schlechterdings keinen Regelverstoß, der auf diesem Felde nicht rasche Prominenz, Umsatz und Ermunterung oder Einschaltquoten brächte. Ganze persönliche Erfolgsgeschichten gründen auf solchen Tabuverletzungen.

Nahezu alles, was sich vor diesem Hintergrund zur Sicherung freiheitlicher Verhältnisse vorbringen läßt, ist vom Geruch des Altmodischen umgeben und setzt auf lauter schöne Unwiederbringlichkeiten. Noch mag es Gesellschaften geben, in denen die auf weit zurückreichenden Übereinkünften beruhenden Bindekräfte eine gewisse Macht besitzen und nicht jede Verletzung moralischer Prinzipien oder ihrer Derivate, der Konventionen und Umgangsformen, als ein Gewinn neuer Freiheiten bejubelt wird. Aber auch dort sind die auflösenden Tendenzen im Vordringen. Zu Beginn der Moderne war noch die Auffassung verbreitet, daß die Freiheit sich am wirksamsten durch die Verdichtung unabhängiger Strukturen erhalten lasse. Wie wenig es auch sein mag, knüpft es doch an ein anderes elementares Bedürfnis des Menschen an, sein Verlangen nach Zugehörigkeiten. Der Satz, daß es nicht gut sei, wenn der Mensch allein ist, gilt auch im gesellschaftlichen Sinne. James Madison, einer der Autoren der „Federalist Papers", hat in der Vielzahl von Vereinigungen, Bünden und sich überschneidenden Gruppen, in denen ein eigenes, aber teilweise eben doch aufs Gemeinwohl zielendes Ethos wirksam ist, eine der verläßlichsten Garantien für den Bestand der Freiheit gesehen. Sie unterbauten gleichsam die staatliche Gewaltenteilung auf gesellschaftlicher Ebene und weckten zugleich das teilnehmendste Interesse an den öffentlichen Angelegenheiten. Was jedenfalls Margaret Thatcher mit ihrem hochmütigen Einwurf gemeint hat, daß es eine Gesellschaft gar nicht gebe, sondern nur das Gewimmel der Individuen, war für ihn die eigentliche Bedrohung der Freiheit.

Erkennbar wird in alledem das alte Doppelgesicht eben dieser Freiheit, deren Verwirklichung nicht nur äußere Herrschaftsfesseln abwirft, sondern den Menschen auch aus religiösen, moralischen, familiären und anderen Bindungen herausreißt. Die utopische Verheißung war nichts anderes als ein Versuch, diese Dialektik aufzuheben und dem befreiten Menschen durch eine suggestive Zukunftsidee ein Ziel und damit einen neuen Glaubensgrund, Bindungen, Kameraderien sowie Motive für sein Verlangen nach uneigennützigem Tun zurückzugeben. Vermutlich hat den Utopien zu dem Massenanhang, den sie fanden, nichts so sehr wie die Tatsache verholfen, daß sie die Menschen nicht jener Freiheit überließen, die viele nur als Orientierungsverlust erleben können.

Dennoch gehört, wie ich glaube, die Utopie endgültig einer vergangenen Epoche an. Sie wird die Sinnbedürfnisse der Menschen nicht mehr befriedigen können. Denn das gesamte Weltbild, das sie ins Leben rief, Anhang finden ließ und gegen mächtige Widerstände trug, hat seine Zeit gehabt und wird nicht wiederkehren. Alle utopischen Entwürfe, der Marxismus eingeschlossen, gründeten auf materiellen, von den Krisen des anbrechenden Industriezeitalters mit existentieller Stoßkraft ausgestatteten Verheißungen. Im Gegensatz dazu enthält unterdessen, angesichts der erschöpften Ressourcen des Erdballs, jedes Zukunftsbild einen Verzichtsanspruch, der zwangsläufig die utopische Dynamik schwächt.

Das Versprechen, das jede Utopie ihrem Begriff nach enthält, muß von einem optimistischen Generalimpuls getragen sein, wie der die Epoche seit der Aufklärung charakterisierte: die von keinem Zweifel angefochtene Gewißheit, daß der Mensch, unter wie großen Mühen und über wie viele Durchgangsstationen auch immer, die Unvollkommenheit der Verhältnisse überwinden und die Welt aus eigenem Willen gleichsam neu erschaffen könne. Aber gerade dieser Glaube ist bis zum Rest aufgezehrt, zwischen ihm und der Gegenwart liegen die Tragödien der verwirklichten Utopien.

Gewiß, in der Welt, wie sie ist, wird es immer unbeantwortete Fragen und uneingelöste Hoffnungen geben. Auch das gehört zur condition humaine. Weil das so ist und das Bestehende sich geradezu als das Unvollkommene definiert, wird der Traum einer vollkommenen Welt immer wiederkehren. Dagegen kann es kaum eine Wende geben, solange der Traum ein Traum bleibt und nicht zur buchstäblichen Übersetzung in die Wirklichkeit drängt. Aber zugleich muß man bedenken, daß ein freiheitliches Gemeinwesen auch seine träumerischen Neigungen zügeln muß. Denn sie entfremden es jener Realität, die sein tägliches Behauptungsfeld ist. Vielleicht ist es, wo so wenige aktive oder, sagen wir, offensive Chancen zur Sinnstiftung in einem solchen Gemeinwesen bestehen, fürs erste das Zweckmäßigste, das Bewußtsein für die permanenten Gefährdungen dieser Ordnung zu schärfen.

Diese Gefährdungen kommen einerseits aus dem Verlangen des Menschen nach Sinn, aber andererseits nicht nur von den falschen Propheten, die den Menschen eine Welt des Glücks und der

Eintracht versprechen. Sie erwachsen, wo der äußere Feind fehlt, wie jetzt in unserer Situation, vor allem aus diesen Gesellschaften selbst, aus der Tendenz zur Überdrehung der Freiheit im Namen der Freiheit. Aus der Verwirrung der Begriffe, dem Abbau der Normen, der Lust an der Destabilisierung, aus Überdruß und noch vielem, was längst die Erfahrung jeden Tages ist. Erst die immerwache Sorge verschafft der freien Ordnung einige Gewähr der Dauer.

Es muß die Sorge eines jeden sein, doch bleibt sie selbst dann noch, Frau Dr. Seebacher-Brandt hat das zitiert, ein Experiment wider alle Wahrscheinlichkeit. Denn sie gründet auf einer Reihe von Voraussetzungen, die strenggenommen sogar gegen die menschliche Natur gerichtet sind: auf einem System der Instinktverleugnungen und der Selbstverbote, auf der Duldung und sogar Privilegierung von Minderheiten, dem Recht des Fremden und Nichtzugehörigen sowie auf immer neuen Anstrengungen, die nicht von äußeren Notwendigkeiten erzwungen sind, sondern „nur" der Stimme der Einsicht folgen. Und sie bietet für alle diese außerordentlich schwierigen Ansprüche kaum Rechtfertigungen, die über die freie und geordnete Alltäglichkeit hinausreichen, und jedenfalls keine Verheißungen mit einem grandiosen Weltenprospekt als Ziel. Das einzige Versprechen der offenen Gesellschaften ist die prekäre, immer von Ungewißheit umgebene Aussicht auf ein halbwegs zuträgliches Zusammenleben von Menschen mit Menschen.

Nichts schien, wenn man sich in die Zeit der Aufklärung und in die Köpfe der Leute zurückversetzt, die die freien Gesellschaften gedanklich befördert und vorangebracht haben, nichts schien damals angesichts dieser ihrer Widernatur unwahrscheinlicher, als daß eine freie Ordnung je zustandekäme, sich verschiedentlich erfolgreich ihrer äußeren Feinde erwehrte und innere Bedrohung überwand. Und dennoch war es so. Aber sie bleibt ein riskantes Unterfangen und ist gewiß nicht die letzte Stufe der politischen Menschheitsentwicklung. Die treffendste Analogie dafür haben, wie ich finde, die Anthropologen ausfindig gemacht. Sie berichten, daß die Azteken die Sonne verehrten und Nacht für Nacht mit dem Anbruch der Dunkelheit darum bangten, daß sie am Morgen wiederkomme.

Dr. Francis Fukuyama
RAND Corporation;
Washington/USA

In den letzten Jahren hat Europa immer wieder einmal einen der dort periodisch auftretenden Anfälle von Pessimismus erlitten. Das Ende des Kalten Krieges sollte einem Kontinent, der nach langer Zeit endlich wieder vereinigt war, Freiheit, Frieden und Wohlstand bringen. Statt dessen erlebte er das Wiederaufleben von ethnischem Haß und Konflikten, nicht nur in der ehemals kommunistischen Welt, sondern auch in Westeuropa – ein bedenkliches Omen hinsichtlich seiner geopolitischen Instabilität –, und eine weitverbreitete Revolte gegen die etablierte politische Ordnung in mehreren europäischen Ländern. All dies geschah vor dem Hintergrund einer tiefen Rezession und dem Stocken dessen, was einmal wie das unaufhaltsame Zuschreiten auf eine europäische Vereinigung aussah.

Viele nachdenkliche Europäer argumentieren, daß die Gefahren eines Atomkrieges und eines weitreichenden Ost-West-Konfliktes zwar vorüber seien, die sowjetische Bedrohung jedoch von anderen, nicht weniger gefährlichen Bedrohungen ersetzt worden sei. Jugoslawien hat ein Sargtuch über Europa geworfen und in vielen Menschen die Ansicht geweckt, daß die gesamte Welt in ein atavistisches Stammessystem zurückfalle. Andere verweisen auf die andauernde Macht des islamischen Fundamentalismus: Die Bedrohung aus dieser Richtung kommt nicht nur von Terroristen und staatlichen Akteuren wie dem Irak und Iran, sondern auch von den Immigrantenmassen aus der islamischen Welt, deren wachsende Zahl in Westeuropa schon zu einer xenophoben Gegenreaktion geführt hat. Schließlich bleiben frühere Eliten in vielen Teilen der ehemals kommunistischen Welt in Schlüsselstellungen und beweisen ihr Geschick, aus den durch den Übergang zu Marktwirtschaft und Demokratie verursachten Schmerzen Kapital zu schlagen: Sie sind in Litauen wieder an die Macht gelangt, drohen damit, in Rußland die gesamte Reform zu blockieren und kristallisieren sich im restlichen Osteuropa als Zentrum des Protestes heraus.

Als ob die Europäer keine anderen Sorgen hätten. Ich möchte behaupten, daß in dieser Analyse einige der wesentlichen globalen Trends und Herausforderungen fehlen, die erst am Anfang des nächsten Jahrhunderts offensichtlich werden. Die Tendenz der Europäer, sich auf Nationalismus und die Übergangsprobleme zu konzentrieren, die durch den Zusammenbruch des Kommunismus entstehen, stellt eine Sicht der Dinge dar, die zu beschränkt ist. Die Hegemonie des Westens, die in der Renaissance begann und ihren Höhepunkt in der Weltordnung fand, die in der zweiten Hälfte des zwanzigsten Jahrhunderts herrscht, könnte jetzt allmählich auf dem Rückmarsch sein. Die wahre Herausforderung – und folglich auch die Hauptquelle geopolitischer Instabilität – für diese westliche Vorherrschaft wird nicht aus der ehemals kommunistischen Welt oder aus dem Mittleren Osten kommen, sondern aus Asien. Tatsächlich muß die Lage in Europa nicht annähernd so trostlos aussehen, wie es sich viele Europäer gegenwärtig vorstellen; Asien hingegen könnte nach dem Ende des Kalten Krieges eine wesentlich schwierigere Übergangsphase durchlaufen.

Es gibt eine Reihe von Gründen anzunehmen, daß weder extremer Nationalismus noch der fundamentalistische Islam oder der Neobolschewismus langfristig die schwerwiegendste ideologische und politische Bedrohung für die westliche liberale Demokratie darstellen werden. Ich möchte die kurzzeitigen Gefahren der folgenden drei Faktoren nicht unterschätzen. Damit es das „Langfristige“ gibt, müssen wir das „Kurzfristige“ überleben, das für jegliche Form praktischer Politik den Maßstab darstellt. Der Zusammenbruch des sowjetischen Reiches und der darauffolgende Ausbruch zahlreicher schlummernder Nationalismen haben enorm destabilisierende Auswirkungen auf die Weltpolitik gezeigt, Auswirkungen, die noch viele Jahre lang Einfluß auf verschiedene Bereiche nehmen werden. Der Konflikt, der heute zwischen den Serben und den moslemischen Bosniern herrscht, könnte sich morgen zwischen Ungarn und Slowaken, Polen und

Litauern oder, was am bedrohlichsten wäre, zwischen Russen und Ukrainern wiederholen.

Damit jedoch ein wiederauflebender Faschismus die gleiche Bedrohung darstellt wie einst der Kommunismus, müßte er eine überall gleich stark verbreitete Anziehungskraft haben und von den meisten fortschrittlichen Gesellschaften als die treibende Kraft der Zukunft betrachtet werden. Das war beim Faschismus in der Zwischenkriegszeit der Fall und beim Marxismus nach dem Krieg. Auf dem Höhepunkt des Kalten Krieges war letzterer unter den führenden Intellektuellen der entwickelten Welt weit verbreitet. Das gleiche kann wohl kaum über den gegenwärtigen Faschismus gesagt werden: Obwohl die jüngsten „Erfolge" Serbiens von einzelnen nationalistischen Gruppen in Ungarn, Rußland oder Rumänien bewundert und nachgeeifert werden mögen, wird der serbische Staat kaum als attraktives Modell für Frankreich oder England und noch weniger für Nordamerika oder Japan betrachtet.

Auch die Politik in Asien oder Lateinamerika wird mit „Rückkehr zum Stammessystem" nicht sonderlich aufschlußreich oder zutreffend beschrieben. Die Gebiete mit der größten Anfälligkeit für den Faschismus scheinen im großen und ganzen jene zu sein, die vor dem sowjetischen Zusammenbruch sozio-ökonomisch relativ unterentwickelt waren und/oder jene Gebiete, die einen sehr schwierigen wirtschaftlichen Wandel durchlaufen haben. Die schlimmsten Fälle ethnischer Gewalt traten im südlichen Teil Osteuropas, im Transkaukasus und in Zentralasien auf. Obwohl es abstoßende Ausbrüche ausländerfeindlicher Gewalt in Deutschland, aber auch in anderen Teilen Westeuropas gab, sind hier nur kleine Minderheiten der Bevölkerung beteiligt, und nur wenige denken, daß sie ausreichen werden, die demokratische Ordnung Nachkriegs-Deutschlands als Ganzes zu destabilisieren. Der Bürgerkrieg in Jugoslawien hat vielleicht eine Reihe übergreifender Auswirkungen auf dem Balkan, aber die großen Mächte in Europa sind nicht mehr in einen nationalistischen, geopolitischen Konkurrenzkampf um Macht und Prestige involviert. Die Wahrscheinlichkeit, daß ethnische Konflikte in Osteuropa so eskalieren könnten, daß ganz Europa mithineingezogen wird, ist daher recht gering.

Der fundamentalistische Islam sieht sich ähnlichen Schranken gegenüber. Während er in Ländern wie Algerien, dem Sudan und Ägypten weiterhin eine große Quelle der Instabilität darstellt, übt er auf alle, die nicht bereits kulturbedingt islamisch sind, keine Anziehungskraft aus. Nur wenige junge Leute in Moskau, Tokio oder Toronto sind versucht, den Tschador zu tragen oder sich gen Mekka zu verbeugen. Ferner kann man zu Recht die Frage stellen, wie attraktiv dieser Fundamentalismus langfristig auch für moslemische Gesellschaften sein wird. Es gibt deutliche Hinweise auf gesellschaftliche Unzufriedenheit im Iran, dem Land mit der am längsten amtierenden islamischen Regierung. Zwar kann die fundamentalistische Revolution durch Armut, Stagnation, Überbevölkerung und Mangel an Möglichkeiten in einem FLN-geführten Algerien genährt werden, aber es ist nicht klar, wie eine fundamentalistische Regierung irgendeines dieser Probleme lösen würde, wenn sie an der Macht wäre.

Das Problem des islamischen Fundamentalismus ist, daß er mit den modernen Naturwissenschaften und den gesellschaftlichen Institutionen, die für die Gewährleistung eines kontinuierlich steigenden wissenschaftlichen Niveaus notwendig sind, grundsätzlich unvereinbar ist. Ohne Wissenschaft aber sind weder eine moderne Industriewirtschaft noch größtmögliche wirtschaftliche Produktivität möglich. Der Iran wurde in den letzten fünfzehn Jahren von einer Gruppe ungebildeter und meist korrupter Mullahs regiert, denen es gelungen ist, die Wirtschaft des Landes zu zerstören. Nur der nicht aus eigener Kraft erzeugte Reichtum an Öl hat das Regime davor geschützt, unmittelbar mit den Auswirkungen seiner eigenen Inkompetenz konfrontiert zu werden. Gäbe es den Reichtum an Öl nicht, würde tatsächlich nur die große Zahl der aus islamischen Ländern fliehenden Emigranten die nicht-islamische Welt dazu veranlassen, den Fundamentalismus ernstzunehmen.

Schließlich hat eine Art Neobolschewismus in vielen Teilen der ehemals kommunistischen Welt eine hemmende Rolle gespielt, sei es durch Blockierung nötiger Reformen wie in Rußland, oder indem er als Brennpunkt des Dissenses diente, wie in Polen oder im östlichen Teil Deutschlands. Obwohl diese Gruppen aus der Unzufriedenheit, die durch Privatisierung und Freigabe der Preise entsteht, Kapital schlagen können, besteht ihre gesellschaftliche Basis fast immer aus Mitgliedern der früheren Kader, denen der Statusverlust droht, oder aus Pensionären, die dem alten System gegenüber loyal sind und sich vor einer Veränderung fürchten. Der Kommunismus hat seine Unvereinbarkeit mit den Ansprüchen moderner Wissenschaft zur Genüge demonstriert, und der Wunsch zu ihm zurückzukehren ist, ganz besonders innerhalb der jungen Generation der post-kommunistischen Gesellschaften, gering.

Meiner Meinung nach werden im nächsten Jahrhundert nicht die oben genannten Mächte ein bedeutender ideologischer und politischer Konkurrent für den westlichen liberalen Kapitalismus sein, sondern eine Form des „sanften“ asiatischen Autoritarismus. Dieser Regierungstypus verbindet die freie Marktwirtschaft mit einer Art paternalistischem Autoritarismus, der weitgehend im kulturellen Erbe der asiatischen Region begründet liegt. Diese Art von Autoritarismus ist mild, verglichen mit den polizeistaatlichen Tyranneien des Nazismus oder Stalinismus, da er bei seiner Wirksamkeit nicht so sehr von Zwängen, sondern von sozialen Konventionen oder, wie Tocqueville es nannte, von der „Tyrannei der Mehrheit“ abhängt. Allerdings ist er ausgesprochen unliberal. Die Rechte des einzelnen auf Redefreiheit, auf Vereinigungsfreiheit, auf Freizügigkeit und vielleicht auf Religion werden im Interesse der größeren Gemeinschaft, sei dies die Familie, die Firma oder der Staat, beschnitten.

Beispiele für diese Art von Regime findet man im heutigen Singapur, in Indonesien oder in der Volksrepublik China, welche schon seit langem aufgehört hat, eine kommunistisch-totalitäre Diktatur zu sein. Der deutlichste Fürsprecher dieser neuen Form von asiatischem Autoritarismus ist Singapurs ehemaliger Premierminister Lee Kwan Yew. Er behauptet, daß die westliche Demokratie, aufgrund ihres exzessiven Individualismus wirtschaftlich ineffizient und moralisch korrupt sei, und daß ein paternalistisch-autoritäres Regime für die konfuzianischen Traditionen dieses Teils der Welt geeigneter sei. Sogar Korea und Japan, die demokratische Institutionen nach westlichem Muster übernommen haben, realisieren ihre Demokratien in sehr unwestlicher Weise. Obwohl beide Länder individuelle Rechte gewähren, hat der oder die einzelne in keinem dieser Länder auch nur annähernd die gleiche persönliche Autonomie, wie sie im Westen gewährt wird.

Der augenscheinlichste Vorteil, den solche Gesellschaften gegenüber faschistischen, islamischen, fundamentalistischen oder kommunistischen Gesellschaften haben, ist, daß sie ohne weiteres mit den Ansprüchen der modernen Naturwissenschaft vereinbar sind und außergewöhnliche Wirtschaftswachstumsraten hervorbringen können. Tatsächlich kann man argumentieren, und so wird auch argumentiert, daß die asiatischen „sanften" autoritären Regime in der Lage sind, ein höheres, anhaltendes Wirtschaftswachstum hervorzubringen als die demokratisch-kapitalistischen Gesellschaften. Als Gründe dafür werden die Bedeutung der Ausbildung – insbesondere der technischen – angeführt, der soziale Konsens, was die größere Bedeutung des schnellen Wirtschaftswachstums im Vergleich zu anderen Zielen angeht, und folglich das geringere Maß an Sozialhilfe und sozialem Unfrieden, die beide Ineffizienz schaffen. Japan hat eine Form des Kapitalismus umgesetzt, in der Arbeit nicht so sehr mit finanziellen Prämien für den einzelnen belohnt wird, sondern eher mit einer Art gesellschaftlicher Anerkennung, welche sich bei der Förderung von Fleiß und Effizienz als bemerkenswert erfolgreich erwiesen hat.

Meiner Meinung nach sind die bedeutsameren Vorteile solcher sanft autoritären Gesellschaften eher sozialer als wirtschaftlicher Natur. Wenn es ein zentrales soziales Problem gibt, von dem die modernen demokratisch-kapitalistischen Gesellschaften des Westens heimgesucht werden, dann ist es der Verlust des Gefühls der *Gemeinschaft*. Auch wenn demokratische Grundsätze wie Verfassungen und Wahlen fest etabliert sein mögen, so hat doch jede gesellschaftliche Institution unterhalb der Ebene des Staates von der Familie zur Nachbarschaft, zur Kirche und zum Arbeitsplatz eine konstante Abwertung erfahren. Ende des letzten Jahrhunderts hat der Soziologe Ferdinand Tönnies den Übergang von der *Gemeinschaft* zur *Gesellschaft*, also den Wandel von einer sozialen Ordnung, die sich auf kleine, organische Gemeinschaften stützt, hin zu einer Ordnung, die sich auf unpersönliche, amoralische Verträge stützt, als Merkmal moderner, liberal-industrieller Gesellschaften beschrieben.

Obwohl seine Befürchtungen allzu pessimistisch und unrealistisch nostalgisch waren, hat sich die von ihm generell beschriebene Tendenz im Laufe der Zeit als richtig erwiesen. Die Individuen in den heutigen liberalen Gesellschaften fühlen sich immer stärker atomisiert und losgelöst, im Umgang miteinander nicht von Normen geleitet und daher auf der Ebene der breiten Masse anfällig für Verführung und Demagogie.

Der große Vorteil vieler autoritärer Länder in Asien besteht darin, daß sie bei der Verknüpfung von ‚gemeinschaftlichen' Institutionen mit den Erfordernissen einer modernen, technologischen Zivilisation außerordentlich erfolgreich waren. In den meisten asiatischen Gesellschaften sind heute nahezu alle gemeinschaftlichen Institutionen stärker als im Westen, das gilt sowohl für die Familie als für die Nachbarschaft als auch für die Firma. Das Gefühl der moralischen Verpflichtung gegenüber einer sich überlagernden Reihe sozialer Gruppen, die von westlichen Wirtschaftstheoretikern als Hindernis für wirtschaftliche Effizienz angesehen werden, wurden in vielen asiatischen Gesellschaften in klare Vorteile verwandelt. Am Anfang der Nachkriegszeit haben viele der spät-industrialisierten Länder Asiens den Westen, und ganz besonders die Vereinigten Staaten, als Modell angesehen; viele glaubten, daß ihre besonders traditionalistischen Institutionen den unerbittlichen allgemeinen Gesetzen wirtschaftlicher Modernisierung weichen würden. Heute blicken asiatische Länder mit zunehmender Verachtung auf die westlichen Gesellschaften und glauben, daß diese von einem exzessiven Individualismus infiziert sind, der kollektives soziales Handeln und Solidarität unmöglich macht.

Ich bin mir bewußt, daß ich bei der Beschreibung des Charakters des „Westens" und seines Unterschieds zu Asien mehr über die Vereinigten Staaten als über Europa spreche. In vielerlei Hinsicht ist die soziale Atomisierung in den USA ausgeprägter als in Europa: Der absolut souveräne, selbständige Träger individueller Rechte ist ein einzigartiges Merkmal der amerikanischen Kultur und wird dort fast kulthaft verehrt. Amerika ist als Einwanderungsland von Natur aus pluralistischer als die meisten europäischen Nationalstaaten. Aus diesem Grund ist es nicht verwunderlich, daß die Symptome der Atomisierung wie Kriminalität, Drogenkonsum oder der Zerfall der Familie in den USA ausgeprägter sind als in Europa.

Die meisten europäischen Länder haben der Gemeinschaft unter dem Einfluß der Sozial- oder der Christ-Demokratie eine stärkere Autorität verliehen als dem einzelnen, und sie betonen die Verantwortung sowie die Rechte des einzelnen gegenüber seiner Gemeinde viel stärker. In dieser Hinsicht sind viele europäische Länder wesentlich traditionsbewußter und den asiatischen Gesellschaften somit viel ähnlicher als den Vereinigten Staaten. Andererseits würde ich sagen, daß die wahre Stärke asiatisch autoritärer Gesellschaften in der Stärke ihrer gemeinschaftlichen Organisationen unterhalb der Ebene des Staates liegt. Hier ähneln sie nämlich den Vereinigten Staaten mehr als Europa, da die Vereinigten Staaten traditionellerweise zwar einen schwachen Staat, jedoch eine starke bürgerliche Gesellschaft aufweisen. Die gemeinschaftliche Ausrichtung vieler europäischer Länder ist eher ausgesprochen statisch oder auf sehr zentralisierte Institutionen, wie zum Beispiel die katholische Kirche, konzentriert.

Daher wird das wesentlichste ideologische Problem für die westliche Demokratie in Zukunft sein, festzustellen, ob der individualistische Liberalismus in großen, wirtschaftlich modernen Nationalstaaten (oder möglicherweise supranationalen Einheiten wie der EG) mit dem menschlichen Bedürfnis nach kleineren organischeren Einheiten in Einklang gebracht werden kann. Faschismus, islamischer Fundamentalismus und Neobolschewismus geben keine realistische Antwort auf diese Frage, während der asiatische Autoritarismus das tut, und aus diesem Grund glaube ich, daß er die bedeutendste langfristige Herausforderung im kommenden Jahrhundert sein wird.

Was die asiatische autoritäre Alternative so stark macht, ist die Tatsache, daß sie nicht nur eine Idee darstellt, sondern zunehmend an Veränderungen hinsichtlich der globalen Machtverteilung gekoppelt ist. Obwohl sich die geopolitische Landkarte Europas in den letzten fünf Jahren enorm geändert hat, sieht

Europa im nächsten Jahrzehnt, mit Asien verglichen, wohl relativ stabil aus. Es gibt mindestens vier bedeutende Kräfte, die diesen Wandel antreiben.

An erster Stelle steht und am wichtigsten ist dabei das chinesische Wirtschaftswachstum. China ist ein Land mit 1,1 Milliarden Menschen, dessen Wirtschaft seit dem Massaker auf dem Tian An Men-Platz mit einer jährlichen Gesamtrate von fast 10 Prozent wächst. Gemäß der überarbeiteten Formel der Weltbank zur Messung des nationalen Wohlstands, die auf der Kaufkraftparität basiert und nicht mehr auf dem Dollar, ist China bereits die drittgrößte Volkswirtschaft der Welt. Ein weiteres Jahrzehnt des Wachstums mit ähnlichen Raten wie der gegenwärtigen wird China in eine potentiell gewaltige Supermacht verwandeln, welche die Weltpolitik mit ihrem Eintritt auf die Weltbühne ähnlich beeinflussen wird, wie dies der Aufstiegs Deutschlands nach 1871 tat. (Andererseits könnte Chinas sozio-ökonomische Modernisierung aber auch leicht zu Forderungen nach Liberalisierung und zum Zusammenbruch des zentralisierten chinesischen Staates führen; beides wäre äußerst destabilisierend.) Eine zweite mögliche Veränderung in Asien ist die koreanische Vereinigung nach dem Tod von Kim Il Sung. Deutschlands Erfahrung mit der Vereinigung hat die Koreaner zwar weniger erpicht darauf gemacht, es ihm gleichzutun, aber sie werden keine Wahl haben, sollte Nord-Korea zusammenbrechen. Eine dritte Veränderung wird ein immer selbstbewußteres Japan darstellen, das sich angesichts der Disparität zwischen seiner wirtschaftlichen Macht und seinem politischen Einfluß immer unbehaglicher fühlt. Und schließlich werden die Vereinigten Staaten wahrscheinlich so sehr mit internen Problemen beschäftigt bleiben, daß sie sich de facto noch weiter aus der asiatischen Region zurückziehen werden.

Es ist sehr schwierig vorherzusagen, welche politischen Gruppierungen diese Veränderungen hervorrufen werden. Wenn Asien insgesamt weiterhin wirtschaftlich mit den Raten wächst, die es im letzten Jahrzehnt zu verzeichnen hatte, wird sich der Schwerpunkt von Weltwirtschaft und Weltpolitik allmählich in Richtung dieser Region verlagern. In Verbindung mit den oben beschriebenen Trends deutet dies darauf hin, daß Asien zunehmend selbstbewußter wird, und daß die Asiaten glauben werden, daß sie eine besondere und in mancher Hinsicht überlegene Form der Zivilisation darstellen. Andererseits könnten solche enormen geostrategischen Veränderungen eine große Instabilität innerhalb Asiens selbst hervorrufen, die möglicherweise zu einer inneren Aufsplitterung (besonders in China) oder zu wachsenden Feindseligkeiten zwischen den asiatischen Staaten selbst führen könnte. Nichts deutet darauf hin, daß das Entstehen einer besonderen asiatischen Zivilisation den Westen in militärisch-strategischer Weise bedrohen würde; genausogut könnten sich asiatische Staaten untereinander bedrohen. Das faktische Problem, das diese Entwicklung für den Westen darstellt, ist vielmehr seine sinkende wirtschaftliche und kulturelle Dominanz in der Weltpolitik, was unvorhersehbare Folgen für die Innenpolitik und inländische Institutionen haben wird.

Im Gegensatz zu den großen Ungewißheiten, die in Asien herrschen, könnte Europas zukünftiger Weg viel stabiler und zielgerichteter verlaufen. Diese Ansicht widerspricht der gegenwärtigen pessimistischen Stimmung in Europa und stellt natürlich nur eine von verschiedenen Zukunftsperspektiven dar. Aber es gibt einige Gründe dafür, hinsichtlich der Zukunft Europas im nächsten Jahrzehnt verhalten optimistisch zu sein.

Die Hauptüberlegung betrifft die wirtschaftlichen Aussichten. Trotz der düsteren Nachrichten aus Jugoslawien gibt es eine Reihe von Erfolgsmeldungen aus der ehemals kommunistischen Welt. Das polnische Bruttosozialprodukt sinkt seit 1992 nicht mehr, sondern steigt. Auch wenn es verfrüht wäre zu sagen, daß Polen den Übergang zur Marktwirtschaft und zu stabilen demokratischen Institutionen bereits hinter sich habe, geht es dem Land schr viel besser, als viele erwartet hatten. Die Tschechische Republik, die Slowakei, Ungarn und Slowenien sind auf ähnliche Weise zu wirtschaftlichen Kehrtwendungen in der Lage. Sogar Rußland hat sich als hartnäckig stabil erwiesen, wie das Aprilreferendum für eine Fortführung der Wirtschaftsreform zeigt. Und wenn die Treuhand nicht extrem inkompetent gewesen ist, werden die nach Ostdeutschland fließenden hohen Investitionen anfangen, Früchte zu tragen. Aus der Sicht Westeuropas, stellen diese Teile Osteuropas ein relatives Niedriglohngebiet mit hochqualifizierten Arbeitskräften dar, ähnlich der Stellung, die Mexiko gegenüber den Vereinigten Staaten einnimmt. Deutsche und andere europäische Direktinvestitionen in Osteuropa werden Herstellern den Zugang zu billigen Arbeitskräften gewähren, was die immer höheren Lohnkosten in Westeuropa ausgleichen und osteuropäische Produkte weltweit konkurrenzfähiger machen wird. Ebenso wie der Abschluß des nordamerikanischen Freihandelsabkommens NAFTA (North American Free Trade Agreement) für Mexiko und die Vereinigten Staaten zu einer enormen Erhöhung des Wohlstandes führen wird, könnte eine Liberalisierung von Handel und Investitionen zwischen den beiden Teilen Europas bis zum Ende des Jahrhunderts eine enorme Produktionserweiterung bewirken.

Nichts davon wird aber natürlich ohne eine politische Stabilität in den beiden Teilen Europas geschehen können. Aber auch hier dürften die Aussichten nicht so trostlos sein, wie viele Europäer glauben. Jugoslawien stellt für Europa ein moralisches Dilemma dar, aber wie bereits angemerkt, könnten die direkt und indirekt von dort ausgehenden Wirkungen geographisch begrenzt bleiben. Jelzins Einfluß auf Rußland ist noch lange nicht konsolidiert, aber das jüngste Referendum hat seine Position beträchtlich gestärkt. Mit jedem Tag, der vergeht, wird es schwieriger, eine autoritäre Ordnung der Rechten oder der Linken in diesem Land wieder herzustellen. Die politischen Veränderungen, die in Frankreich und Italien schon eingetreten sind, haben auf die politischen Systeme dieser Länder zwar eine verunsichernde, letztlich aber heilsame Wirkung, da die alteingesessenen politischen Eliten den Bezug zu den Wünschen und Zielen heutiger Wählergenerationen im wesentlichen verloren haben. Das Ende des Kalten Krieges hat die Möglichkeit geschaffen, sie ihres Amtes zu entheben und neue Programme einzuführen.

Die Wahrscheinlichkeit, daß ein optimistisches Szenario zur Realität wird, wird größtenteils davon abhängen, welche Wahl die Europäer selber treffen werden. Obwohl ich zögere, den Europäern in europäischen Angelegenheiten Ratschläge zu erteilen, scheint Europa, aus amerikanischer Sicht, einen großen Fehler begangen zu haben, als es während der Verhandlungen, die schließlich zum Maastrichter Vertrag geführt haben, die EG vertieft hat, statt sie zu erweitern. Die langfristigen Gewinne, die eine zügige Liberalisierung von Handel und Investitionen in den neuen Demokratien Osteuropas für die politische Stabilität und den wirtschaftlichen Wohlstand bringen würde, wären überwältigend, genauso wie das beim „Nordamerikanischen Freihandel“ der Fall ist.

Andererseits provozieren engere Formen der Wirtschaftsintegration neue Probleme, da sich die Bevölkerung dieser Nähe widersetzt. Die Währungsunion scheint mir, angesichts der sehr unterschiedlichen Steuerpolitik und der sehr unterschiedlichen wirtschaftlichen Kulturen in den bestehenden EG-Staaten, eine Art Schimäre zu sein. Trotz der Revidierung der dänischen Ablehnung von Maastricht deuten die Währungskrise im letzten Jahr und der fortlaufende Druck einer Abwertung innerhalb der EG für mich darauf hin, daß die Währungsunion sowohl schwierig zu erreichen als auch instabil sein wird. Erweitern statt vertiefen – ja sogar auf Kosten des Vertiefens erweitern – schiene mir eine viel realistischere Alternative zu sein. Es wäre zum Beispiel viel einfacher, ein frühes Eintreten der Türkei in die EG zu ermöglichen, wenn die Türken damit nicht das Recht erhielten, frei in andere EG-Staaten auszuwandern.

Bei der Beurteilung, welche politischen und sozialen Kräfte in der kommenden Generation dominieren werden, ist es wichtig, nicht nur auf die gegenwärtig bestehende politische Macht zu achten, sondern auch die wirtschaftlichen und ideologischen Grundlagen dieser Macht zu betrachten. Die Lehren, die ich aus den erstaunlichen Ereignissen der letzten beiden Jahrzehnte (einschließlich des Zusammenbruchs des Kommunismus und des Aufstiegs Asiens) ziehe, sind, erstens, daß in der heutigen Welt der Status einer Großmacht auf ein solides wirtschaftliches Fundament gebaut sein muß, zweitens, daß nahezu alle Völker in der Welt modern werden wollen, und, drittens, daß die sozialen und politischen Systeme, die den Prozeß der Modernisierung am besten meistern, diejenigen sein werden, die langfristig überleben werden. Aus diesem Grund nehme ich letztlich die autoritären Alternativen Asiens ernster, als jene politischen Bewegungen wie Nationalismus und islamischer Fundamentalismus, die heute stark und bedrohlich erscheinen.

Asiatischer Autoritarismus mag letztlich auch seine Schwächen haben. Gemeinschaftliche Gesellschaften sind Außenseitern gegenüber notorisch intolerant, können inflexibel werden und haben eine Tendenz zu engstirnigem Chauvinismus, ja sogar Imperialismus. Ob sie schließlich und endlich mit dem wachsenden kosmopolitischen Charakter des globalen Kapitalismus verträglich sind, ist eine offene Frage. Nichtsdestoweniger ist das die Art von Problemen, mit denen wir uns meiner Meinung nach in den kommenden Jahren beschäftigen müssen.

Podiums- und Plenums-Diskussion (Auszüge)

Werner Giers

Meine Damen und Herren, Sie werden mir wahrscheinlich zustimmen, daß beide Herren tief ausgelotet haben. Nun müssen Sie zusammengeführt, manche werden auch hoffen, gegeneinandergestellt werden. Das soll versucht werden, aber ich darf noch einmal darauf hinweisen, daß wir hier unter dem großen Oberbegriff Politik diskutieren und uns darum bemühen wollen, den beiden nachfolgenden Subsystemen Wirtschaft und Gesellschaft nicht ins Gehege zu kommen. In den beiden Referaten gab es ja deutliche Unterschiede in puncto Optimismus. Herr Dr. Fest, malt Herr Dr. Fukuyama die Lage zu optimistisch, wenn er sagt, wir in Europa müßten die Dinge realistischer, das heißt weniger pessimistisch sehen?

Dr. Joachim Fest

Dr. Fukuyama war heute, was ich ein wenig bedauere, nur von einem sehr moderaten Optimismus erfüllt; viel weniger als beispielsweise in seinem Essay und seinem Buch. Im ganzen ist er aber natürlich trotzdem viel optimistischer; das liegt vielleicht auch an den unterschiedlichen Fragestellungen, die wir gewählt haben. Aber ich will an einem Punkt ansetzen, der gegen Ende des Referates auftauchte, wo es hieß, alle Menschen wollten die Segnungen der Modernität. Das ist vermutlich richtig, aber die Frage ist, ob sie eigentlich auch den Preis dafür bezahlen wollen.

Ich habe einmal, vor zwei oder zweieinhalb Jahren, ein leidenschaftliches Streitgespräch zwischen Lech Walesa und Adam Michnik mitgemacht, in dem Walesa sagte: „Wenn wir die westliche Freiheit hier nach Polen importieren, dann werden wir auch Prostitution, Drogen, einen Abbau von Werten bekommen," – all das, was ich im Grunde in meinem Vortrag als unsere derzeitige Situation beschrieben habe, aber das Ganze noch perhorresziert um Kriminalität und dergleichen – „willst du das?" Und man konnte sehen, daß Michnik einen Augenblick erschrocken war über diese Konsequenzen, die er sich vielleicht nie in so düsteren Farben ausgemalt hatte. Aber dann sagte er nach einigem Überlegen doch: „Ja, wenn das wirklich der Preis der Freiheit der zivilen Gesellschaft ist, dann bin ich bereit, auch diesen Preis zu zahlen, und man muß versuchen, damit fertig zu werden."

Ich glaube, hier stoßen zwei letztendlich unversöhnliche Positionen aufeinander, aber man muß sich über beide Rechenschaft ablegen. Ich denke auch, daß die Menschen in Algerien oder überhaupt in der islamischen Welt die Modernität und den Fortschritt und all das, was an Positivem und an Wohlstand damit verbunden ist, haben wollen. Ich bin aber nicht sicher, ob sie auch bereit sind, den Preis dafür zu bezahlen. Vielleicht wollen das ja auch immer weniger Menschen, zumal, wenn sie einige Erfahrung mit den Segnungen des Wohlstands gemacht haben. Wir können das ja hier in der Bundesrepublik ganz anschaulich verfolgen. Die ganze grüne Bewegung gründet ja möglicherweise darauf, daß diejenigen, die ihr angehören, nicht mehr die Preise der Modernität zahlen wollen.

Dr. Francis Fukuyama

Ich denke, es stimmt, daß viele Menschen den Wohlstand wollen, aber nicht bereit sind, den Preis einer demokratischen Gesellschaft dafür zu bezahlen. Unglücklicherweise scheint es auch nicht so zu sein, als sei die Demokratie zur Erlangung des größtmöglichen wirtschaftlichen Wohlstands erforderlich. Eine rasch wachsende kapitalistische Wirtschaft und ein autoritäres politisches System sind durchaus miteinander vereinbar, wie ja auch zahlreiche Fälle belegen, in denen Regierungen ihre Länder modernisiert haben, von Portugal und Spanien über Taiwan und Südkorea bis Brasilien. Das ist es ja auch, was den asiatischen

Autoritarismus so bedrohlich macht: Er verspricht den Leuten materiellen Wohlstand, vermeidet aber alle Probleme, die mit sozialer Desintegration, dem Verfall der traditionellen Gesellschaft oder exzessivem Individualismus zu tun haben, und mit denen die modernen kapitalistischen Demokratien sich so schwer tun. Jemand wie Lee Kwan Yew würde vermutlich so weit gehen zu sagen, daß in rein wirtschaftlicher Hinsicht ein Staat Bismarckscher Prägung den demokratischen Regierungsmodellen der Nachkriegszeit vorzuziehen sei, da man sich auf Effizienz und wirtschaftliche Entwicklung konzentrieren könne, statt sich um soziale Umverteilung und dergleichen kümmern zu müssen.

Die These, daß das asiatische Modell der Familie und der kooperativen Lebensauffassung nicht beispielgebend oder nachahmenswert für Europa sei, da die Europäer Kinder der Aufklärung seien und daher nicht hinter diese zurück könnten, trifft meiner Meinung nach nur bedingt zu. Die Lebensfähigkeit westlicher demokratischer Gesellschaften beruht größtenteils auf gewissen vormodernen, vorliberalen Traditionen. Wenn man sich zum Beispiel das dichte Netz ziviler Vereinigungen in den USA ansieht, die sich dem öffentlichen Wohl widmen, und von denen Dr. Fest bereits sprach, so sind diese vor allem privat organisiert: Universitäten, Schulen, Krankenhäuser usw. Sie bilden nach Tocqueville die Grundlage der Stärke und des Zusammenhalts der amerikanischen Gesellschaft, und fast alle von ihnen sind aus religiösen Organisationen hervorgegangen. Der Charakter der amerikanischen Gesellschaft verdankt sich ja in der Gründungszeit in sehr hohem Maße dem Abweichlertum verschiedener protestantischer Sekten von der Church of England oder von den etablierten Kirchen in Europa. Diese Sekten, die Baptisten, Kongregationalisten und Presbyterianer, wanderten in die Vereinigten Staaten aus und brachten ihre Fähigkeit zur Selbstorganisation und Selbstverwaltung mit. Der Grund dafür, daß es in den USA einen relativ schwachen Staat und eine Art sich selbst organisierender bürgerlicher Gesellschaft geben kann, beruht meines Erachtens in sehr hohem Maße auf dem Überleben dieser religiösen Traditionen.

Abgesehen von England gibt es sehr wenige europäische Staaten mit einer vergleichbaren Tradition protestantischen Abweichlertums. Aber sowohl die katholische Kirche als auch die etablierten protestantischen Kirchen spielten letztlich eine vergleichbare Rolle im Verhältnis zur Politik. Sie versöhnten sich zwar einerseits mit der Demokratie und dem Liberalismus, aber gleichzeitig blieben sie in vieler Hinsicht die Quelle der traditionellen Moral, die Familien und Gemeinschaften zusammenhält. Ich glaube nicht, daß man eine moderne liberale Demokratie einfach auf Prinzipien der Aufklärung, wie zum Beispiel dem Gesellschaftsvertrag, errichten kann. Familien funktionieren ja nicht so, daß Eltern mit ihren Kindern einen Vertrag schließen, sondern die moralischen Bindungen zwischen ihnen reichen tiefer und sind bedeutsamer. Ich glaube, das Dilemma der westlichen Demokratien besteht darin, daß sie im Verlauf des Reifungsprozesses des Kapitalismus zunehmend säkularer werden und sich von den vormodernen sozialen Traditionen entfernen, die die Basis der bürgerlichen Tugenden und der privaten Moralität darstellen, und die zur Aufrechterhaltung der liberalen Demokratie nötig sind. Ich weiß aber wie gesagt auch nicht, wie dieses Problem gelöst werden kann, da es ja nicht möglich ist, zu einer Demokratie im Sinne des 19. Jahrhunderts zurückzukehren, in der die Religion eine viel größere Rolle spielte. Genausowenig kann man einfach konfuzianische, nicht-westliche Traditionen importieren. Aber diese Anomie, das Fehlen eines gemeinsamen moralischen Bandes, ist das zentrale langfristige Problem unserer Gesellschaften.

Dr. Joachim Fest

Die zentrale Frage lautet tatsächlich: Wie schafft eine Gesellschaft Werte? Das geht natürlich nicht über ein Programm zur geistig-moralischen Erneuerung. Wir haben ja in der Bundesrepublik gesehen, wie das trotz aller hochtönenden Ankündigungen dann noch nicht einmal im Sande verlaufen ist, sondern daß noch nicht einmal ernsthafte Versuche in dieser Richtung gemacht wurden. Das sind sehr schwierige Fragen. Eine Gesellschaft, das ist schon bei Aristoteles im 5. Buch der „Politik“ beschrieben, gelangt zur Freiheit durch ein sehr strikt beachtetes Wertesystem, das für jeden verbindlich ist. Sie gelangt in der Freiheit zu Wohlstand, aber je mehr der Wohlstand sich verbreitet, desto mehr schwindet auch, durch ein ganz merkwürdiges System der nicht kommunizierenden Röhren, das Gefühl dafür, welche Bedeutung und welche impulsgebende Kraft diese Werte gehabt haben für das Wohlergehen der Gesellschaft und für ihre Freiheit. Und in dem Moment, in dem die Werte allmählich zerbröckeln und verschwinden, wächst auch die Gefahr, daß die Freiheit zugrunde geht. Solange wir aber keine Werte schaffen können, müssen wir alle Kraft darauf wenden, den bestehenden liberalen Rechtsstaat zu verteidigen, also mehr defensive Anstrengungen unternehmen als offensive.

Dr. Christian Schwarz-Schilling, MdB

Dr. Schwarz-Schilling GmbH; Büdingen

Es wurde gesagt, es sei doch ganz natürlich, daß wir uns im Grunde genommen nur auf einer Basis gefunden haben, solange es einen Feind gab. Ich möchte dem energisch widersprechen. Ich glaube, daß alles das, was wir nach dem Zweiten Weltkrieg hier als Ordnung aufgebaut haben, aus einem absolut positiven Wertverständnis und Menschenbild entstanden ist. Auch lautete die These Ludwig Erhards nicht: „Wir müssen den Kommunismus besiegen“, sondern seine Politik beruhte auf einem in sich selbst gegründeten Wertgefüge, das aus unserer Tradition auf der einen und modernen Erkenntnis auf der anderen Seite entstanden ist. Es ist nicht aus dem Kampf gegen den Kommunismus entstanden, sondern aus der Erfahrung des Nationalsozialismus, der Einsicht, wie schnell alles verloren gehen kann, und der Frage danach, worauf wir als freiheitliche Menschen basieren müssen, um ein neues Gebäude zu errichten.

Ich bin mit zwei Dingen im Buch von Dr. Fukuyama nicht einverstanden: Erstens, daß der Mensch nach unserem heutigen Wertverständnis sich qualitativ nicht von der übrigen Natur unterscheidet, daß er praktisch nur eine Fortsetzung der Schöpfung ist. Ich glaube, daß der Mensch das einzige Lebewesen ist, das über seine eigenen Werte entscheiden kann und daher grundsätzlich qualitativ anders ist als das, was um ihn herum ist. Das gibt uns auch die Ziele und Werte. Ich bin zweitens nicht der Ansicht, daß wir uns alle auf die liberale Demokratie zubewegen. Ich glaube, daß, trotz der heutigen weltumspannenden Kommunikation, die Phasen und Epochen der Weltgeschichte in den einzelnen Kulturkreisen nicht parallel oder identisch verlaufen. Der Fehler scheint mir zu sein, daß wir dazu neigen, ein bestimmtes politisches Modell zu verabsolutieren. Unsere hiesige Demokratie verabsolutiert den Individualismus, der dann zur Gewalt und zum Zurückzukken des Staates führt. Auf der anderen Seite gibt es Demokratien, die die Gemeinsamkeit zu stark betonen und zu wenig Rücksicht auf die einzelne Individualität nehmen. Wir Europäer müssen verstärkt dafür sorgen, daß die Kollektivität nur in den Werten besteht, aber daß das Kollektiv dann auch streng genug ist, um das Individuum, das gegen den Staat vorgeht, mit ganz anderer Härte zu bekämpfen. Umgekehrt haben die asiatischen Demokratien natürlich das Individualrecht viel zu schwach ausgebildet. Da bahnen sich meines Erachtens gegenläufige Entwicklungen an, die die Weltgeschichte auf sehr interessante Weise bestimmen werden.

Dr. Francis Fukuyama

In meinem Buch habe ich die Ansicht vertreten, daß es eine allgemeine menschliche Natur gibt, die nicht von der Kultur oder bestimmten historischen Umständen abhängig ist. Aber das ist natürlich keine Natur, die sich unmittelbar zeigt oder zu allen Zeiten und allerorts, sondern eine, die einem sehr langwierigen Prozeß historischer Evolution unterworfen ist. Sicherlich ist es auch weder in Asien noch im Nahen Osten oder in anderen Teilen der Welt so, daß die Leute heutzutage bereit wären, jeden Preis für eine Demokratie westlichen Stils zu bezahlen. Die eigentliche Frage lautet aber: Gibt es Gründe für die Annahme, daß die verschiedenen menschlichen Gesellschaften sich auf vergleichbare Art entwickeln werden, und hier, meine ich, gibt es zahlreiche Hinweise darauf, daß dem tatsächlich so ist. Zur Zeit gibt es keinen allgemeinen Konsens über die Wünschbarkeit der Demokratie, wohl aber einen sehr breiten Konsens darüber, daß Wohlstand auf dem hohen Niveau der europäischen und der nordamerikanischen Konsumgesellschaften wünschenswert sei. Dies ist für viele Menschen der Ansporn, ihre traditionellen Gesellschaften in moderne zu transformieren. Ich halte an dem fest, was ich schon in meinem Buch behauptet habe, nämlich daß der Entstehungsprozeß einer modernen Industriegesellschaft zwangsläufig auf Dauer einen Trend zur modernen Demokratie mit sich bringt, während die Menschen in einer primitiven Agrargesellschaft in erster Linie mit dem materiellen Überleben beschäftigt sind. Wenn aber erst einmal für die materiellen Vorbedingungen gesorgt ist bzw. diese für selbstverständlich genommen werden, möchten die Menschen einen gewissen Status erreichen, eine gewisse Anerkennung ihrer Individualität und ihrer menschlichen Würde. Ich glaube tatsächlich – und hier sind wir beim Thema eines Ihrer früheren Symposien: dem Zusammenhang von Marktwirtschaft und Demokratie –, daß über längere Zeit die Zunahme von Industrialisierung und Marktwirtschaft auch zu einem Wunsch nach Demokratie führt. Man kann das sogar in nicht-westlichen Zivilisationen sehen, in Taiwan und Südkorea, in Thailand und zur Zeit in der Volksrepublik China. Materieller Wohlstand und Industrialisierung machen die Menschen für politische Formen empfänglich, die eher mit der westlichen Demokratie vereinbar sind. Das ist ein langfristiger Prozeß und einer ohne Garantie, aber auch die Grundlage eines gewissen Universalismus zwischen den menschlichen Kulturen.

Werner Giers

Man wäre versucht, noch manche Zwischenfrage an Herrn Dr. Fukuyama zu richten, beispielsweise hinsichtlich seiner Meinung, daß der liberalen Demokratie Gefahr von solchen Menschen drohe, die, wenn sie schon nicht mehr für eine gute Sache kämpfen können, eben gegen diese gute Sache kämpfen.

Kathy Kaaf

Journalistin; Bonn

Ich frage mich, was wir zum Beispiel einer fast beängstigend rasanten Entwicklung in der Volksrepublik China entgegensetzen können. Um die Antwort auf die Frage „Was gibt uns Halt?“ auf eine Kurzformel zu bringen, meine ich: Man muß mit der Erziehung anfangen. Wir können unsere Familien nicht von heute auf morgen ändern, aber wir sollten etwas dagegen tun, daß zum Beispiel die Wochenstundenzahl der Lehrer und die Klassenfrequenzen erhöht werden. Ich denke, das sind ganz konkrete Ansatzpunkte, um über die Erziehung eine gute selbstbewußte Politik machen zu können.

Prof. Dr. Dr. Wolfgang Ockenfels

Theologische Fakultät Trier; Trier

Herr Dr. Fest wies auf Ernst-Wolfgang Böckenfördes Beobachtung hin, daß eine freie Gesellschaft ihre eigenen Wertgrundlagen nicht setzen und garantieren könne. Das führt zurück auf die früher von den religiösen Institutionen geleisteten Aufgaben dieser Wertvermittlung. Da die Religionen inzwischen aber hierzulande vor allem in ihrer institutionellen Form sehr stark behindert sind und sich auch selber oft im Wege stehen, haben hier meines Erachtens die Medien eine kompensatorische Funktion übernommen und sind als Wertvermittlungs- oder auch als Wertzerstörungsinstanzen an deren Stelle getreten. Meine Frage an Herrn Dr. Fest lautet nun, ob er den Medien eine gewisse Stabilisierungsfunktion zuschreibt, oder ob er der Meinung ist, der Staat müsse die mangelnde Moral der Gesellschaft auf irgendeine Weise rechtlich kompensieren. Das führte dann natürlich wieder zu dem Dilemma, daß hier die Freiheit durch Verrechtlichung in um so stärkeren Maße tangiert würde, je mehr der Staat kompensieren müßte, was die Religion nicht mehr zu leisten vermag. Wir haben gegenwärtig eher eine Tendenz zur Verrechtlichung, was aber, je mehr dadurch die Freiheit eingeschränkt wird, in letzter Konsequenz auch zu einer Art Tugendterror führen kann, wie wir ihn von totalitären Systemen kennen. Die Frage lautet also, wie wir aus diesem Dilemma herauskommen.

Dr. Joachim Fest

Ja, wenn ich das wüßte. Aber Sie haben mit der Beschreibung des derzeitigen Zustands ganz sicherlich recht. Man kann das Problem nicht einfach an den Staat delegieren und den Staat verantwortlich machen für den Standard oder Nicht-Standard, den moralische Werte innerhalb einer Gesellschaft haben. Das liegt in der Verantwortung der Gesellschaft selber, das muß die Gesellschaft selber leisten – oder eben nicht leisten. Ein ganz wichtiger Teil dieser Gesellschaft sind aber natürlich die Medien, und deren Verantwortung ist, wie ich denke, ungemein groß. Wenn ich aber das Gesamte überblicke, kann ich – Ausnahmen gibt es natürlich – nicht erkennen, daß bei der großen Mehrzahl der Medien überhaupt der Sinn für das, was da auf dem Spiel steht, vorhanden ist.

Werner Then

Deutsche Managementgesellschaft; Frankfurt/Main

Für mich stellt sich die Frage: Hat unsere Demokratie eigentlich den Menschen in seiner ganzen Person gefordert, oder haben wir ihn sowohl in der Arbeitswelt als auch in der Gestaltung dieser Gesellschaft bevormundet und funktionalisiert und damit seine Fähigkeiten als ganzheitliche Person für diese Gesellschaft, für diese Politik und für unsere Werte in der Gesellschaft einzutreten, Verantwortungsgeist und Kreativität zu zeigen, erstickt. Haben wir ihm damit nicht das genommen, dessen Verlust wir heute beklagen? Wenn er nur Beitragszahler ist, also in diesem Sinne funktionalisiert, wenn er im Betrieb nur abgerichtet wird für sehr beschränkte Tätigkeiten, er aber in seiner Ganzheit Geist und Kreativität in sich hat, und dann abwandert in die Schattenwirtschaft, dann kann ich doch nicht einfach beklagen, daß in unserem politischen System und in unserem Arbeitssystem etwas nicht funktioniert. Ich sehe hier die Herausforderung für die Politik und die Gesellschaft, die Kreativität, die Ganzheit der Menschen zu begreifen und sie damit wieder in die Lage zu versetzen, mitzugestalten und die Verantwortung wieder zu lernen. Daß dies viel Spaß macht, wenn man es zuläßt, weiß ich aus eigener Anschauung, weil ich es in verschiedenen Betrieben in den letzten Monaten durch die Begleitung von Veränderungsprozessen, beispielsweise zur Selbststeuerung, sehr nachhaltig beobachten konnte.

Dr. Francis Fukuyama

Ich fand den Vortrag von Herrn Dr. Fest etwas zu pessimistisch, als daß ich ihm ganz zustimmen könnte, und zwar aus folgendem Grund: Ich weiß, wie leicht es ist, die Macht des Wunsches nach Wohlstand als einen wichtigen Motivations- und Organisationsfaktor in modernen Gesellschaften zu unterschätzen. Für mich ist es immer etwas belustigend, daß sich ausgerechnet in Ländern wie Deutschland, denen es wirtschaftlich sehr gutgeht, die über Sozialfürsorge verfügen, und die insgesamt eigentlich eine reiche Konsumgesellschaft bilden, die Menschen Gedanken über die Aushöhlung der Werte machen und Konferenzen darüber abhalten, wohin die Entwicklung gehen wird. Der größte Teil der Welt wäre glücklich, wenn es bei ihm so aussähe wie in Deutschland, und das ist ein ziemlich eindeutiger gesellschaftlicher Indikator. Aber auch in Japan stellt man sich zur Zeit Fragen nach der eigenen Identität und nach den geistigen Werten, während der Rest der Welt versucht, die Japaner zu imitieren. Und selbst in den USA sollte man die ökonomischen Bemühungen als Quelle mittelständischer Toleranz und bürgerlicher Werte nicht unterschätzen, die meines Erachtens sehr stark und dauerhaft sind. Ich stimme zwar mit der langfristigen Einschätzung der Gefahren überein, aber ich denke, daß sich hier auch bemerkenswerte Stärken finden, die es uns erlauben, mit Hoffnung in die Zukunft zu blicken.

Dr. Joachim Fest

Vielleicht hat Herr Dr. Fukuyama damit recht, daß wir Deutschen allzusehr zu Krisenempfindungen neigen, obwohl es uns gutgeht. Wir haben uns in den vergangenen Jahren ewige Sorgen gemacht um verschmutzte Gewässer, saure Böden, Waldsterben usw., und jetzt, da sich die ersten Krisenzeichen am Horizont zeigen, machen wir uns eben Sorgen um die Werte in dieser Gesellschaft, um das, was diese Gesellschaft noch zusammenhält. Gibt es noch ein Gemeinschaftsgefühl, von dem Herr Dr. Fukuyama ja gesagt hat, daß es in Asien sehr viel stärker entwickelt sei als bei uns? Das muß man fragen, weil vielleicht zum ersten Mal in den vierzig Jahren oder fünfundvierzig Jahren, die diese Bundesrepublik mindestens besteht, wirklich gravierende Krisensymptome sichtbar werden, die viel eher strukturelle Ursachen haben und Ursachen, die in solchen gesellschaftlichen Prozessen liegen.

Es ist gefragt worden, wie es mit den Blauhelmen, dem § 218, dem Asylrecht und ähnlichem bestellt sei. Ich halte es für viel wichtiger, und das klang ja auch in dem Referat von Frau Dr. Seebacher-Brandt an, daß wir ganz und gar nicht mit der deutsch-deutschen Vereinigung fertigwerden, und das hat vielleicht auch etwas mit dem geschwundenen Wertebewußtsein, mit dem geschwundenen Gemeinschaftsgefühl zu tun.

Frau Linda Reisch in Frankfurt hat gesagt, sie fahre lieber zehnmal freiwillig nach Mailand als einmal nach Leipzig. Das ist ja sehr kritisiert worden, aber ich habe den Eindruck, es ist doch das Mehrheitsempfinden in diesem Lande. Es fährt niemand freiwillig nach Leipzig, und die große Mehrzahl der in diese Länder versetzten Beamten geht nur dorthin, wenn sie, wie das infame Wort heißt, eine sogenannte Buschzulage erhält. In diesem Zusammenhang kann man vielleicht auch einmal erwähnen, was mich immer wieder irritiert hat, wenn ich auf die Jahre 1989 und 1990 sehe: Die Tatsache, daß, was zumindest unsere Nation angeht, 17 Millionen Menschen frei geworden sind, hat eigentlich in der Öffentlichkeit dieses Landes überhaupt kein Echo gefunden. Auch die Freude oder die Genugtuung darüber hat eigentlich nur in der Zeit vom 9. November bis zum Silvestertag, an dem die große Feier am Brandenburger Tor stattfand, angehalten und versackte danach ganz schnell im Alltäglichen. Und es gab sehr viele Stimmen auch in der Bundesrepublik, dic nicht einmal in diesen Tagen der allgemeinen nationalen Hochstimmung oder der Hochstimmung der Deutschen, um das Wort national selbst in diesem Zusammenhang zu vermeiden, befriedigt darüber waren, daß sich das überhaupt abgespielt hatte, sondern alle möglichen Einwände dagegen vorbrachten. Hier sind Grundempfindungen, die mindestens in allen anderen Nationen Europas und anderswo sicher auch ganz elementar sind, einfach abhanden gekommen. Die Frage ist, wo sie geblieben, und ob sie wieder mobilisierbar sind. Und ob das mehr eine Sache des Staates ist, wobei ich sehr zurückhaltend argumentieren würde, oder ob es nicht eigentlich die Aufgabe der Gesellschaft und das heißt, wenn wir es wirklich richtig und ernst verstehen, die Aufgabe eines jeden von uns an seinem Platze ist.

Wirtschaft

Moderation: Prof. Dr. Gerhard Fels,
Institut der deutschen Wirtschaft/
Kuratorium der informedia-Stiftung; Köln

Prof. Dr. Gerhard Fels

Wir kommen zum zweiten Subsystem, dem Subsystem Wirtschaft. Die Ökonomen neigen ja immer etwas zum Imperialismus. Ich glaube, das geht auf Karl Marx zurück, der gelehrt hat, daß die ökonomischen Bedingungen auch das Bewußtsein prägen. Das haben sich auch die Ökonomen zu eigen gemacht, die ansonsten mit Karl Marx nicht allzuviel zu tun haben wollen. Angewandt auf unsere Sitzung, bedeutet dies, daß vermutlich vieles von dem, was wir über die Politik und über das Bewußtsein der Menschen gehört haben, ökonomische Ursachen hat. Wir leben in einer wirtschaftlich schwierigen Phase, einer Umbruchphase, in der wir noch nicht die Leitbilder gefunden haben, die künftig maßgebend sein sollen für die Gestaltung unseres Wirtschaftslebens und unserer sozialen Beziehungen. Darauf wollen wir jetzt zu sprechen kommen. Herr Dr. Fest hat gesagt, die freiheitliche Ordnung sei wider die menschlichen Instinkte. Ich glaube, das kann man in vieler Hinsicht auch von der freiheitlichen Wirtschaftsordnung sagen, die ein hohes Maß an Selbstlosigkeit und Einsicht von uns verlangt. Wir sollen jedem die gleichen Chancen einräumen, wir sollen jedem den Marktzugang öffnen, und wir sollen überdies jedem, wo immer er auch herkommen mag, Investitionsmöglichkeiten bieten und ihm überdies das Recht einräumen, hier Grund und Boden zu erwerben. Gerade der letzte Punkt ist wohl mit atavistischen Vorstellungen am schwersten vereinbar. Es gibt nur wenige Länder, die die Freiheit des Grundstücksverkehrs auch für Ausländer gewährleisten, wobei das gerade bei Grund und Boden am wenigsten einzusehen ist, denn den kann man ja nicht mit sich nehmen. Aber in diesem Punkt scheint der Widerstand am größten zu sein. Auch hier haben wir es jedoch mit dem überkommenen Wertesystem zu tun, das uns anerzogen ist, und den Erfordernissen einer effizienten Weltwirtschaft.

Diese Ordnung ist nun in die Diskussion geraten. Es gibt jetzt auch in den USA Bestrebungen, in die Handelsautonomie einzugreifen, – ich nenne nur Laura d'Andrea Tyson, die Präsidentenberaterin. Bei uns hier in Europa haben wir nun Bestrebungen, Industriepolitik zu betreiben – im Vertrag von Maastricht finden sich derartige Ansätze. Wir wissen nicht, wie sich dieses Wirtschaftssystem weiter entwickeln wird. In dieser Situation spielen die Finanzmärkte manchmal verrückt. Früher war es das Gold, das Halt gegeben hat, das Edelmetall, an das die Länder ihre Währungen gebunden haben. Heute ist das bekanntlich nicht mehr der Fall. Heute wagt auch niemand mehr, den Kurs des Dollars zu prognostizieren, es sei denn mit theologischer Hilfestellung. Um die Jahrhundertwende stand auf der Rückseite des Dollarscheins immer noch: ONE DOLLAR PAYABLE IN GOLD. Noch Ende der zwanziger Jahre war dort zu lesen: ONE DOLLAR PAYABLE IN SILVER. Und heute steht drauf: IN GOD WE TRUST. Es handelt sich also um einen theologischen Standard, mit dem sich die Zukunft nur äußerst schwer vorhersagen läßt, auch wenn sich der Dollar in den letzten Tagen und Wochen recht kräftig erholt hat und der liebe Gott auf seiner Seite zu sein scheint.

Überdies hat ja im Augenblick auch eine Theorie Konjunktur, die man als Chaostheorie anspricht, eine Theorie, die besagt, daß es Dinge gibt, die indeterminiert sind und zwar determiniert indeterminiert. So stellt etwa die Populationsexplosion der Raupen des großen Schwammspinners, eines Schmetterlings, etwas dar, das man nicht prognostizieren konnte und von dem man nach dieser Chaostheorie nicht weiß, ob sie im nächsten Jahr nicht ein Vielfaches des jetzigen hiesigen Bestandes betragen wird oder ob die Population ganz ausgestorben sein wird. Das kann man offenbar nicht prognostizieren. Und ähnliches gilt für die Devisenmärkte. Die Zukunft der Wirtschaft ist also äußerst unbekannt, vor allem, wenn es sich um eine lange Prognoseperiode handelt. Nur die Herausforderungen liegen auf dem Tisch: Globalisierung, Standortwettbewerb, Wettbewerb nicht nur der Güter, sondern auch der politischen Systeme, Wettbewerb um international mobiles Kapital. Wir haben die Transformation im Osten mit ökologischen Problemen und wir haben Anspruchsdenken im Westen mit institutioneller Sklerose und Innovationsschwäche, und aus dieser Spannung erwächst die Unsicherheit.

Wir haben zwei Referenten, die diese Dinge vielleicht aus etwas unterschiedlichen Blickwinkeln angehen: Herrn Prof. Dr. Wolfram Engels, klassischer Ökonom liberaler Prägung, Marktwirtschaftler vom Scheitel bis zur Sohle, und Herrn Dr. Konrad Seitz, Diplomat, Botschafter in Rom, aber nicht in dieser Funktion hier, intimer Kenner der japanischen und der amerikanischen Verhältnisse, eher Industriepolitiker, von Hause aus Altphilologe, Politologe, Absolvent der Fletcher-School, also ein etwas anderes Textbook, ein anderes Paradigma, und ich glaube, der Reiz der Diskussion wird auch aus der Konfrontation dieser beiden Betrachtungsweisen resultieren.

Prof. Dr. Wolfram Engels
Johann Wolfgang Goethe-Universität;
Frankfurt am Main/
Herausgeber der „WirtschaftsWoche“; Düsseldorf

Das Thema der Tagung, „Was nun – Was gibt uns Halt?!“, ist ja eigentlich eher ein theologisches Thema, und es ist schon bemerkenswert, daß die Veranstalter Vertreter aller möglichen Wissenschaften eingeladen haben, aber keinen Theologen. Darin liegt ja bereits eine gewisse Antwort auf die Frage.

Ich als Ökonom werde mich auf die Fragen beschränken, zu denen ein Ökonom etwas sagen kann, das heißt erstens auf die Frage nach der Überlebensfähigkeit einer Ordnung und zweitens auf die Frage nach der Sicherheit des einzelnen in dieser Ordnung. Das Thema betrifft also die offene und die geschlossene Gesellschaft. Die offene Gesellschaft hat anscheinend auch in theoretischer Hinsicht eine größere Überlebensfähigkeit als jede Form der geschlossenen Gesellschaft. Auf der anderen Seite wird beklagt, daß der einzelne in der offenen Gesellschaft wenig Halt habe und daß die Risiken in ihr groß sind. Das ist eigentlich mein Thema.

Wenn wir von Ordnungen sprechen, dann meinen wir zwei Grundprinzipien, zwei Koordinationsinstrumente, nämlich einerseits den Markt und andererseits die Hierarchie. Beide Instrumente sind für verschiedene Zwecke geeignet. Darüber hinaus gibt es innerhalb der Zentralentscheidungsorganisation, also innerhalb von Hierarchien, verschiedene Methoden, um Zentralentscheidungen zustande zu bringen, also etwa Demokratie oder Diktatur. Die Hoffnung der Anarchisten war es, daß man irgendwann eine Gesellschaft schaffen könne, in der es überhaupt keine Zentralentscheidungen gibt, in der die Freiheit also unbegrenzt ist. Infolgedessen besteht eine große Nähe des klassischen Liberalismus zum Anarchismus, den wir heute eigentlich eher als linkes Phänomen einstufen.

Sowohl die Planwirtschaft als auch die Marktwirtschaft sind Ordnungen und stehen damit im Gegensatz zum Chaos. Was wir derzeit im Osten, etwa in Rußland, erleben, ist der Übergang von einer Ordnung in eine andere, aber durch ein Chaos hindurch. Es gab einen interessanten Versuch von Mao Tse-tung diese Koordinationsnotwendigkeiten selbst zu reduzieren, indem er mit den Volkskommunen sehr kleine Einheiten schuf, die weitgehend autark waren. Er hat also die Gesellschaft zu stabilisieren versucht, indem er die Koordinationsnotwendigkeiten reduzierte. Der Versuch ist fehlgeschlagen. Die Frage der Ordnung ist deshalb immer wichtiger geworden, weil es bei uns ein immer größeres Maß an Arbeitsteilung gibt und dieses größere Maß an Arbeitsteilung wiederum ein größeres Maß an Koordination verlangt.

Wenn eine solche Ordnung geschaffen wird, dann entwickelt sich eine Zivilisation, und die Frage des Aufstiegs und Untergangs der Zivilisationen hat sowohl Historiker wie Philosophen wie Ökonomen beschäftigt. Arnold Joseph Toynbee hat in seinem Riesenwerk „Study of History" in sehr großer Detailkenntnis beschrieben, wie Zivilisationen entstehen und wie sie untergehen. Er preßt das in das Schema von challenge und response: Eine Gesellschaft sieht sich einer challenge, einer Herausforderung, gegenübergestellt und wächst daran zu einer Zivilisation. Irgendwann muß sie wieder mit einer challenge fertigwerden, auf die sie aber keine response mehr findet, und dann geht sie unter. Dieses Thema ist nicht nur von Toynbee her bekannt, sondern etwa auch von Oswald Spengler, Joseph Alois Schumpeter oder Manzur-Olson und interessanterweise auch von Talcott Parsons und seinen vielen Kritikern, denn Parsons hat ja viel mehr Kritiker als Anhänger.

Talcott Parsons hat, vereinfacht dargestellt, gesagt, daß die offene Gesellschaft eine Zivilisation ist, die ewig ist, die nicht mehr stirbt, die nicht mehr untergeht, und zwar mit der, wiederum stark vereinfachten, Begründung, daß wir die Entwicklungsprinzipien der Natur selbst internalisiert hätten. Die Natur entwickelt sich dadurch weiter, daß sie Mutationen hervorbringt und diese Mutationen einem Wettbewerb aussetzt, in welchem die leistungsfähigsten Neuerungen überleben. Darin ähnelt ihr unsere Gesellschaft, die Neuerungen ebenfalls in einem Wettbewerb hervorbringt und zwar nicht nur im Bereich der Produkte oder Produktionsverfahren, sondern überhaupt Erneuerungen, auch im Bereich der Ideen und Wahrheiten. Der Wettbewerb sorgt für die geeignete Selektion, und dadurch ist diese Zivilisation sozusagen unsterblich geworden, im Gegensatz zu allen früheren, geschlossenen Gesellschaften, – der arabischen, der römischen, der griechischen Zivilisation, auch wenn Parsons diese vereinfachte Darstellung so sicherlich nicht akzeptieren würde.

Zwei Gründe für den Untergang von Zivilisationen sind von denjenigen, die darüber geschrieben haben, immer wieder angeführt worden: Die Sklerose, das war der zentrale Begriff bei Toynbee, und der Verfall der Werte, in dem Spengler, aber eben auch sehr viele andere Schriftsteller, die Hauptursache des Untergangs sahen.

Für die Gegenwart steht der Name Bruce Nussbaum, der vor etwa fünfzehn Jahren sein Buch über die Eurosklerose geschrieben hat. Er kommt darin zu dem Ergebnis, daß sich Europa in einem Prozeß der Sklerotisierung befindet, der dazu führt, daß die europäische Zivilisation zweitrangig wird oder gar untergeht.

In dieser offenen Gesellschaft ist also der Wettbewerb das kulturtragende Prinzip, in der Wirtschaft wie im Bereich der Ideen. Wir haben keine Dogmen oder Tabus, sondern wenn jemand, beispielsweise im akademischen Bereich, eine Idee hat und eine Wahrheit propagiert, wird versucht, diese Wahrheit zu widerlegen, und nur wenn sie der Kritik der Kollegen standgehalten hat, wird sie als Wahrheit vorläufig anerkannt.

Der Wettbewerb gilt aber auch für Rechtssysteme. In diesem Zusammenhang hat Eric Jones ein interessantes Buch über die Gründe dafür geschrieben, daß Europa reich wurde. Danach verdankt sich Europas Reichtum der Konkurrenz der Rechtssysteme, bei der sich die besseren Rechtssysteme gegenüber den schlechteren durchsetzen. Dieser Wettbewerb der Rechtssysteme ist übrigens genau das, was wir derzeit im Vertrag von Maastricht zu unterbinden versuchen.

Zur Frage der Moral eine kurze Anmerkung: Es ist ganz klar, daß eine offene Gesellschaft eine moralische Basis braucht. Dazu gehört zum Beispiel der Aspekt, daß es eine Moral geben muß, nach der diejenigen, die die Waffen haben, die Macht abgeben, was nicht selbstverständlich ist. Wir haben eine Demokratie, in der die jeweilige Regierung, wenn sie abgewählt wird, die Macht an eine neue abgibt, obwohl sie über die Armee verfügt. Und wenn diese Regierung, zum Beispiel die Regierung Kohl, die Macht nicht abgeben wollte, würde ihr die Armee nicht folgen. Sie würde den Befehlen eines Verteidigungsministers nicht gehorchen, der die Armee einsetzen würde, um damit zum Beispiel die SPD zu unterdrücken. Das ist eine moralische Basis, die längst nicht überall in der Welt selbstverständlich ist. So ist etwa in ganz Schwarzafrika der Gedanke, daß man die Macht freiwillig abgibt, noch eine ganz ungewöhnliche Vorstellung. Sie herrscht dort nur bei einer dünnen intellektuellen Schicht, und man muß sehen, daß sich eine solche Moral über sehr viele Jahrhunderte entwickelt hat.

Ohne Fragen nach richtiger oder unrichtiger Moral zum Gegenstand dieser Ausführungen machen zu wollen, darf man doch auf Friedrich A. von Hayek verweisen, den wir ja zu den unseren zählen und der sich mit der Frage der Moralgenese befaßt hat. Er hat gesagt, daß verschiedene Zivilisationen verschiedene moralische Standards, verschiedene Moralkodizes entwickeln, wobei sich der überlegene Moralkodex gegenüber dem weniger guten durchsetzt. Dies passiert nicht, weil der eine notwendig ethisch besser ist als der andere, sondern weil er der Überlebensfähigkeit der Gesellschaft dienlich ist, weil er der Gesellschaft sozusagen zu größerer Durchschlagskraft verhilft. Und so hat die europäische Zivilisation und die europäische Moral fast die ganze Welt erfaßt, mit kleinen Rückständen von autochthoner Moral in einigen Ländern, aber im Prinzip haben wir heute in der Welt eine europäische Zivilisation.

Wenn man sich jetzt noch einmal die These Talcott Parsons vor Augen führt, dann besagt diese ja eigentlich nicht, daß die Zivilisation in Deutschland überlebt, sondern nur, daß die offene Gesellschaft prinzipiell überlebt. Wenn Deutschland aber die offene Gesellschaft sozusagen abwählt, dann stirbt auch die Zivilisation in Deutschland, und an ihrer Stelle wird sich dann eine andere Zivilisation, die eine offene Gesellschaft wählt, durchsetzen.

Wir haben jetzt eine jahrhundertalte Auseinandersetzung zwischen einem Typ einer geschlossenen Gesellschaft im Sozialismus und der offenen Gesellschaft erlebt. Ein Jahrhundert: 1889 wurde die 2. Sozialistische Internationale gegründet, und 1989 fiel die Berliner Mauer, was wir vielleicht als Symbol des Falls des Sozialismus betrachten können. Dieses Jahrhundert war bestimmt durch die Auseinandersetzung zwischen Liberalismus und Sozialismus, zwischen der offenen Gesellschaft und einer bestimmten Form der geschlossenen Gesellschaft. Und es war bis weit in die sechziger Jahre hinein nicht nur die Hoffnung, sondern die Gewißheit der Marxisten und der Sozialisten, daß sie das fortschrittlichere System hätten. Mein verstorbener Freund Henry Wallich hat Mitte der sechziger Jahre ein kleines Büchlein geschrieben, in dem er argumentiert hat, daß es möglich sei, daß diese sozialistische Planwirtschaft leistungsfähiger ist als die Marktwirtschaft, auch wenn wir um der Freiheit willen an der Marktwirtschaft festhalten müßten. Ich erwähne das nicht, um Henry Wallich zu blamieren, er war ein hervorragender Wissenschaftler und ein echter Liberaler, aber er hat es noch Mitte der sechziger Jahre für möglich gehalten, daß die Planwirtschaft der Marktwirtschaft überlegen sei.

Das ist bekanntlich nicht der Fall gewesen, der Sozialismus ist untergegangen, aber die Reaktion darauf im Westen war nicht etwa die, daß die Marktwirtschaft oder die offene Gesellschaft insgesamt gestärkt daraus hervorgegangen wäre. Auf den Verlust unseres Gegners folgte nicht der Triumph der Marktwirtschaft, sondern wir haben, jedenfalls in der Praxis, dergestalt reagiert, daß wir die Auseinandersetzung zwischen Liberalismus und Sozialismus ersetzt haben durch Dilettantismus und Opportunismus.

Wir erleben ja nicht nur in Deutschland, daß auf eine Art regiert wird, die jeden Sachverstand ignoriert. Ich erinnere mich mit Vergnügen an die Jahre Willy Brandts und Helmut Schmidts, als beide Seiten noch mit Argumenten gestritten haben, auch wenn sich die der Gegenseite nachher als falsch erwiesen haben, wie wir wissen. Aber wir haben uns wenigstens sachverständig gestritten, während heute so etwas überhaupt nicht mehr stattfindet. Heute wird zum Beispiel eine Pflegeversicherung beschlossen, obwohl es überhaupt keinen Fachmann gibt, der diese befürworten würde. Oder es wird ein Standortsicherungsgesetz gemacht, von dem alle Fachleute sagen, daß es falsch ist. Man glaubt aber, die ökonomischen Gesetzmäßigkeiten oder überhaupt die gesellschaftlichen Gesetzmäßigkeiten einfach mit einer politischen Willensentscheidung außer Kraft setzen zu können.

Hier stellt sich also wieder die Frage der offenen Gesellschaft. Wenn wir die Geschichte der Marktwirtschaft, also eines Teilaspekts dieser offenen Gesellschaft, noch einmal kurz Revue passieren lassen, dann hat sie ihren Höhepunkt wohl vor dem Ersten Weltkrieg in Großbritannien und den USA erlebt und wurde danach schon abgeschwächt. Wir haben das Geldsystem, das bis dahin auf Gold gegründet war, also auf etwas Festes, und das zwar kein gutes System war, aber immerhin ein System mit einer Grundlage, durch eine Papierwährung ersetzt. Und zum zweiten haben wir die Wirkungsmechanismen des Arbeitsmarktes außer Kraft gesetzt, indem wir ihn durch ein Kartell der Tarifvertragsparteien ersetzt haben.

Mein Lehrer Wolfgang Stützel hat gesagt, es gibt zwei feste Säulen einer Marktwirtschaft, flexible Preise und feste Versprechen. Aber nach dem Ersten Weltkrieg wurde diametral entgegen dieser Einsicht gehandelt, die Versprechen wurden flexibilisiert und die Preise fixiert. So war die Zwischenkriegszeit mit einem starken Einbruch in die Marktwirtschaft durch Katastrophen gekennzeichnet, durch hohe und galoppierende Inflationen, aber auch durch die große Weltwirtschaftskrise. Auch ohne nähere Erläuterung des ökonomischen Hintergrunds dieser Dinge, kann man sagen, daß ohne diese Änderungen keine der genannten Krisen denkbar gewesen wäre. Eine große Inflation bei einer Goldwährung ist überhaupt nicht vorstellbar, und eine Depression des Typs der Weltwirtschaftskrise wäre bei flexiblen Löhnen auch nicht denkbar gewesen.

Man hatte also dieses System zum Teil schon demontiert, aber wir haben es nach dem Zweiten Weltkrieg wieder repariert. Nicht in dem Sinn, daß wir ein sich selbst regulierendes System an seine

Stelle gesetzt haben, sondern indem wir kluge Menschen an seine Stelle gesetzt haben. So haben wir also ein Bundesbankdirektorium, dem wir großes Vertrauen entgegenbringen – jedenfalls unserem gegenwärtigen. Wer aber in 10 Jahren in diesem Direktorium sitzt, ob es dieses Direktorium überhaupt noch gibt und, wenn ja, welche geldtheoretischen Überzeugungen diese Menschen dann haben, wissen wir nicht. Wir mußten sozusagen die Stabilität und die Weisheit des Goldes durch die Weisheit von Personen ersetzen, und von dieser Weisheit wissen wir nicht, wie es in 20 Jahren um sie bestellt sein wird. Das bedeutet, daß wir heute Geld nicht mehr als Wertaufbewahrungsmittel verwenden können. Niemand wäre so dumm und würde seine Altersvorsorge auf Geldvermögen setzen, nicht einmal die Mitglieder des Zentralbankrates.

Auch beim Lohnfindungssystem haben wir die Weisheit des Marktes durch die Vernunft der Tarifvertragsparteien ersetzen müssen. Und diese Tarifvertragsparteien waren, insgesamt und über große Zeiträume gesehen, eigentlich relativ vernünftig. Aber auch hier müssen wir uns darauf verlassen, daß bestimmte Personen vernünftig handeln und müssen die Weisheit des Systems der Gescheitheit von Personen opfern.

Drittens haben wir die Erfahrungen der Zwischenkriegszeit auf eine Art und Weise bewältigt, die nicht ideal ist, aber sich immerhin ganz gut bewährt hat. Wir stehen jedoch vor anderen Herausforderungen und anderen Entwicklungen, von denen wir noch nicht wissen, ob wir sie jemals bewältigen werden. Das hat natürlich eine ganze Reihe von Aspekten, von denen ich einen, nämlich das Sozialsystem, hervorheben will.

Das Sozialsystem ist ein System, in dem man vielen Leuten etwas verspricht, zum Beispiel eine Rente, ohne daß diejenigen, die das Versprechen geben, für seine Einlösung noch verantwortlich gemacht werden können. So hat zum Beispiel Norbert Blüm plakatieren lassen, die Renten seien sicher, zu einem Zeitpunkt, als er genau wußte, daß die Renten nicht sicher sind. Es ist vielmehr fast sicher, daß die Menschen die Rente nicht erhalten können, die sie sich heute erhoffen. Aber hier hat man sozusagen Versprechen auf die Zukunft abgegeben, und Versprechen lassen sich im

Gegensatz zu Gütern unendlich vermehren. Das ist das Gefährliche an Versprechen, sie sind nicht knapp.

Wir geraten in unseren westlichen Gesellschaften in ein Spannungsverhältnis zwischen Markt und Sozialsystem. Das gilt besonders für Deutschland, aber prinzipiell für alle westlichen Gesellschaften. Wir geraten in ein Spannungsverhältnis zwischen diesen beiden Systemen, und wir wissen nicht, welches dieser Systeme daran kaputtgeht, das Sozialsystem oder der Markt. Sicher ist nur, daß eines von beiden dabei zerschellen wird. Wir können dabei, von ganz wenigen Ausnahmen abgesehen, nicht auf Erfahrungen wie die der Zwischenkriegszeit zurückgreifen. Eine dieser Ausnahmen ist Uruguay, das im Jahre 1911 ein vorbildliches Sozialsystem geschaffen hat. In den Jahren 1917 und 1934 wurde es ergänzt, und im Jahre 1951 war Uruguay der führende Sozialstaat der Welt. Zwanzig Jahre später bröckelten die Fassaden in Montevideo, die Straßen wurden nicht mehr repariert und die tüchtige Jugend des Landes suchte ihr Glück im Ausland. Argentinien ist ein ähnlicher Fall, nicht ganz so kraß wie Uruguay, aber auch hier ist das ehemals reiche Land inzwischen auf den Lebensstandard eines Entwicklungslandes zurückgefallen.

Die offene Gesellschaft ist also nicht, wie Parsons meinte, in jedem Einzelfall überlebensfähig, sondern wir können sie auch zerstören. Ziemlich sicher ist lediglich, daß sie sich in irgendeiner Weise transformieren wird, und daß wir in Deutschland und in Europa wahrscheinlich in der Tat an einer Sklerose leiden. In dem Artikel, den ich damals gegen Nussbaum geschrieben habe, habe ich von einer Fehlanalyse gesprochen. Ich habe geschrieben, wir hätten zehn Jahre lang falsche Politik betrieben und unsere gegenwärtigen Schwierigkeiten seien die Folge davon, aber wir könnten diese falsche Politik korrigieren und dann sei die Sklerose weg. Das war entschiedenermaßen eine Fehlprognose, die ich abgegeben habe, denn die Sklerose hat sich vertieft, verstärkt, verhärtet, und ich würde heute glauben, daß Bruce Nussbaum recht hat und sich die europäische Zivilisation in einer sklerotischen Entwicklung befindet.

Entscheidend scheint mir dabei die Spannung zwischen Sozialsystem und Markt, einem Sozialsystem, das vom Grundsatz der sogenannten Solidarität regiert wird. Frau Dr. Seebacher-Brandt hat diesen Begriff ja schon aufgegriffen, der heute sozusagen für allgemeine Menschenliebe benutzt wird, aber dessen ursprüngliche Bedeutung Ausschaltung des Wettbewerbs war. Die Arbeiter sollten sich im Wettbewerb um die Arbeitsplätze nicht gegenseitig unterbieten. Und dieser Begriff der Solidarität ist dem Prinzip der offenen Gesellschaft, nämlich dem Wettbewerb als kulturtragendes Prinzip genau entgegengesetzt. Es ist durchaus möglich, eine offene Gesellschaft auch so zu konstruieren, daß die Risiken des einzelnen sich vermindern. Es ist nicht richtig, daß jede Umverteilung mit einer Minderung der Leistungsfähigkeit der Volkswirtschaft bezahlt wird. Im Gegenteil, wenn wir Risiken beseitigen, hat das oft sehr positive Wirkung. Hans-Werner Sinn hat darüber einen Artikel geschrieben, in dem er gezeigt hat, daß die Schaffung der Seeversicherung in Venedig den Reichtum der Stadt begründet hat, denn jetzt konnten sich viele das Risiko leisten, Seehandel zu treiben. Eine Versicherung ist aber nichts anderes als eine Minderung von Risiken und damit auch eine Minderung von Ungleichheiten. Es ist also nicht richtig, daß jede Umverteilung und jede Minderung von Risiken die Leistungsfähigkeit einer Volkswirtschaft mindert.

Ich befürchte aber, daß die konkrete Konfiguration unseres Sozialsystems auf die Dauer diese Wirtschaft und damit auch diese offene Gesellschaft zerstören wird, einfach deshalb, weil wir in eine Situation kommen werden, in der die Versprechen, die abgegeben worden sind, nicht mehr gehalten werden können, etwa im Bereich der Renten. Dann werden aber diejenigen, die die Empfänger dieser Renten sind, eine so große Mehrheit der Bevölkerung darstellen, daß in der Demokratie nichts mehr gegen sie läuft. Dieser Situation gehen wir entgegen. Im Jahre 2040 wird die Zahl der Rentner die Zahl der Arbeitenden überwiegen, und dann wird keine demokratische Regierung mehr etwas gegen diese Rentner beschließen können. Wir gehen einer Situation entgegen, in der, wie ich meine, das Sozialsystem das Wirtschaftssystem und möglicherweise auch die Demokratie zerstören könnte, denn wenn es das Wirtschaftssystem zerstört, dann endet das im Chaos, und Chaos ruft immer den Ruf nach einem starken Mann hervor. Ich bin also nicht der Meinung, daß die offene Gesellschaft in Deutschland nicht untergeht. Im Gegenteil ich halte es für wahrscheinlich, daß sie untergeht, allerdings, Gott sei Dank, lange nachdem ich gestorben bin, und, wie hieß es doch so schön in dieser Geschichte, es ist ein wunderbarer Tod.

Dr. Konrad Seitz

Botschafter der Bundesrepublik Deutschland;
Rom/Italien

Die deutsche und die europäische Wirtschaft gehen durch die schwerste Krise seit dem Wiederaufbau nach dem Krieg. Die Frage lautet, was gibt uns Halt, oder was führt uns aus der Krise? Eine Krise kann ja produktiv genützt werden, kann also zum Aufbruch werden. Aber damit sie das wird, muß man die Gründe der Krise natürlich richtig analysieren. Wie erklären wir die Krise? Wir verweisen zunächst auf die zyklische Rezession, eine völlig richtige Erklärung nach langen Jahren des Booms. Wenn die Automobilnachfrage um 20 Prozent sinkt, ist die Ursache offensichtlich, zyklische Rezession. In der Zwischenzeit, in den letzten Monaten vor allem, tritt eine zweite Erklärung in den Vordergrund. Wir sagen, es handele sich um eine Kostenkrise. Deutschland produziert zu teuer. Die Arbeitskosten sind zu hoch. Auch das ist ohne Zweifel eine richtige Erklärung. Dennoch behaupte ich, daß derjenige, der die jetzige Krise, einmal abgesehen von der zyklischen Rezession, nur, der Ton liegt auf nur, mit der Kostenkrise erklärt, nicht die wirkliche, die langfristige Dimension auch dieser Krise erkennt.

Diese wirkliche Dimension zeigte der von Professor Engels schon erwähnte Bruce Nussbaum schon vor zehn Jahren auf. Er schrieb ein Buch, das „The World after Oil“ heißt; es wurde dann ins Deutsche übersetzt, und der Titel lautet, nicht so ganz untypisch für uns Deutsche, „Das Ende unserer Zukunft“. In „The World after Oil“ gibt es ein Kapitel „The Industrial Decline of Germany and the Break Up of Europe“. Übrigens heißt das darauf folgende Kapitel „The Disintegration of the Soviet Union“, so daß man nur hoffen kann, daß das vorausgehende Kapitel nicht auch eintrifft.

In diesem Kapitel schreibt Nussbaum, daß die industrielle Basis der Deutschen im Zerfall begriffen sei, auch wenn sie selbst dies noch nicht wüßten. Deutschland schuf über das letzte Jahrhundert hin die fortgeschrittensten Industrien in der Chemie, in der Elektrotechnik, im Automobilbau und im Maschinenbau. Aber heute ist es eine Nation, die den Wechsel von der Mechanik zur Elektronik, von der Chemie zur Biotechnik nicht schafft. Es stellt weiterhin die besten Produkte des 19. Jahrhunderts her, aber seine Anstrengungen, Produkte des 21. Jahrhunderts herzustellen, sind schwach, und seine Versuche, sie auf den Weltmärkten zu verkaufen, werden von japanischen und amerikanischen Konkurrenten unbekümmert abgeschmettert.

Verständlich, daß diese Analyse von Nussbaum bei uns nur Empörung verursachte, es gab kaum einen Kritiker, der Nussbaum ernstnahm. Ich bin also angenehm überrascht, daß Professor Engels ihn offenbar ernstnimmt. Die Analyse ist kraß, denn man kann natürlich zahlreiche Gebiete aufzeigen, wo wir auch in den neuen Industrien Weltklasse sind. Dennoch glaube ich, daß die Analyse den Kern trifft, und heute ist das offensichtlicher als 1983.

Unser Wohlstand beruht am Ende des 20. Jahrhunderts nach wie vor auf den klassischen Industrien, die Nussbaum nannte: Maschinenbau, Automobile, Elektrotechnik, traditionelle Chemie. Also auf Industrien, die in der ersten industriellen Revolution entstanden sind, die, grob gerechnet, 200 Jahre, 1780 bis 1980, umspannt. Seit 1980 ist jedoch nach Jahrzehnten der Vorbereitung eine zweite industrielle Revolution voll angelaufen, und an dieser Revolution nehmen Deutschland und Europa nur sehr unzureichend teil.

Durchmustern wir also auf diese Frage der Teilnahme hin die fünf großen Schlüsseltechnologien, von denen diese neue Revolution vor allem getragen wird.

Da ist zunächst einmal die Informationstechnik, die heute bereits die größte Industrie der Welt ist. Wie steht es damit bei uns Deutschen und uns Europäern? Der erste Sektor der Informationstechnik sind die Halbleiter, und hier ist das trübe Kapitel bekannt. Vor nicht allzu langer Zeit gab Siemens den Versuch auf, bei der Entwicklung und Produktion der neuen Generation von Speicherchips mitzuhalten. Das heißt, es wird in Europa keinen Produzenten geben, der die feinsten Strukturen produzieren kann. Wenn Sie mit Siemensfachleuten sprechen, geben diese auch offen zu, daß es nicht sicher ist, ob man ohne eine Produktionslinie für die höchstintegrierten Speicherchips in diesem Bereich wettbewerbsfähig produzieren kann. Diese anwendungsspezifischen Chips in der künftigen Breitbandkommunikation sind für Siemens aber lebensnotwendig. Das gleiche Bild findet sich bei einem zweiten Halbleiterkomplex, TEMIC von Daimler Benz. Auch er befindet sich tief in den roten Zahlen und sucht fast verzweifelt nach einem japanischen und amerikanischen Partner. Soweit die deutsche Halbleiterindustrie.

Die nächste Industrie ist die Computerindustrie. Wir hatten in Europa vor fünf, sechs Jahren noch etwa neun Computerhersteller von einiger Bedeutung mit eigener oder jedenfalls teilweise eigener Technologiebasis. Heute haben wir noch drei, nämlich Siemens Nixdorf in Deutschland, Bull in Frankreich und Olivetti in Italien. Alle drei machen riesige Verluste, haben schrumpfende Umsätze, entlassen Personal und haben vor allem wenig zu bieten in den neuen Computertechnologien, den Workstations, Laptops usw. Im Softwarebereich sieht es übrigens noch schlechter aus. Die ganze Standardsoftware und die Vernetzungstechnik der Personal Computer ist rein amerikanisch. Soweit zur Computerindustrie.

Der dritte große Sektor ist die Unterhaltungselektronik. In Europa stellen noch Philips und Thomson große oder größere Fernsehgeräte her, die ganz großen werden wiederum von den Japanern produziert. Das ist aber eigentlich auch schon alles. In der Generations- und Unterhaltungselektronik, die an der Spitze liegt, am deutlichsten im Bereich der Camcorder, gibt es überhaupt keinen europäischen Produzenten. Bei Videorecordern kommen die Komponenten oft aus Japan, und das Desaster bei hochauflösenden Fernsehern ist auch bekannt. Die Europäer glauben, sie könnten sich schützen, indem sie einen separaten Standard errichten. Jetzt stellt sich heraus, was im Grunde schon vor drei Jahren deutlich war, nämlich daß dieser Standard völlig überholt ist, angesichts des in Amerika entwickelten volldigitalen

Standards. Aber um den Standard geht es noch nicht einmal so sehr. Für das hochauflösende Fernsehen sind vielmehr die großen Flachbildschirme und die Projektionsmöglichkeiten absolut entscheidend, und in diesem Bereich ist alles rein japanisch. Und die Japaner können jeden Standard produzieren.

Das sind also die drei großen Gebiete, auf denen wir eigentlich in der Welt keine Rolle spielen und auf unserem eigenen Heimatmarkt nurmehr kleine Marktanteile haben.

Es folgt die Telekommunikation, in der es ebenfalls einige Felder gibt, in denen wir schon ausgeschieden sind. Die Faxgeräte sind auch dann japanisch, wenn ein deutscher Name draufsteht. Gut bzw. Weltklasse sind wir noch in der Übertragungstechnik – und das hat seinen Grund: Der europäische Markt war hier abgeschlossen. Die Bundespost kaufte bei Siemens und SEL, und France Telecom kaufte bei Alcatel, und so konnten diese Firmen zur Weltklasse aufsteigen und das machen, was die Japaner machen. Sie hatten zuhause gute Preise und konnten dort die Entwicklungskosten verdienen und dann auf die Weltmärkte vordrängen mit dem, was man auch als Dumpingpreise bezeichnen könnte, jedenfalls nicht mit Preisen, die die Entwicklungskosten vollständig deckten. So sind wir also in diesem Bereich noch Weltklasse, aber jetzt öffnen sich ja die Märkte, und damit bricht auch dieses ganze System der Förderung, der unbewußten Förderung, zusammen. Weltklasse sind wir außerdem noch in der Industrieautomatisierung sowie in der Medizin- und der Autoelektronik. Bei den letztgenannten Teilgebieten besteht allerdings die Gefahr, daß wir in den Schlüsselkomponenten von den Amerikanern und von den Japanern abhängig werden. In der Informationstechnik gibt es ja einige Schlüsselkomponenten, Mikroprozessoren, Speicherchips, Displays, flache Flüssigkristallanzeigen, magnetische Speicher, bestimmte Materialien usw. Das alles kommt aber aus Japan oder Amerika. Soweit also zur Informationstechnik. In einigen Feldern sind wir zwar noch stark, aber es ist keineswegs gesichert, daß wir angesichts unserer Schwächen bei den Schlüsselkomponenten diese Gebiete halten können.

Die zweite Riesenindustrie des 21. Jahrhunderts wird die Biotechnik und insbesondere die gentechnisch gestützte Biotechnik sein.

Sie ist jetzt gerade beim take off. 1991 gab es einen weltweiten Umsatz von gentechnisch hergestellten Produkten in Höhe von 6 Mrd. Dollar; nach amerikanischen Schätzungen wird dieser Umsatz im Jahr 2000 ca. 100 Mrd. Dollar betragen. Vielleicht ist das zu optimistisch, sicher ist jedenfalls, daß die Gentechnik jetzt die am schnellsten wachsende Industrie in der Welt überhaupt ist. Wir Deutsche haben es durch unsere Angst und die Unfähigkeit der Politik fertiggebracht, daß wir als Produktionsstandort in der Gentechnik überhaupt nicht vorhanden sind. Wenn unsere Firmen etwas auf dem Gebiet Biotechnik bzw. Gentechnik machen, dann in Amerika oder Japan. Wir werden also, wenn wir so weitermachen, die künftigen Medikamente gegen Aids und Krebs, die künftigen Saatgüter für eine neue und umweltfreundliche Landwirtschaft sowie die künftigen Enzyme für eine umweltfreundliche Chemie einführen müssen. Das ist die zweite Riesenindustrie.

Bei der dritten Industrie handelt es sich um die neuen Materialien, die Werkstoffe, die man für neue Produkte, auch in den klassischen Industrien, braucht. Man muß sich nur vorstellen, was es für unsere Autoindustrie bedeuten würde, wenn den Japanern ihr Vorhaben gelingen würde, einen Vollkeramikmotor herzustellen. Wir haben eine starke chemische Industrie, eigentlich müßten wir auf diesem Gebiet vorn dabei sein. Das ist aber leider nicht der Fall. Die BASF gibt jetzt die Kohlenstoffaserverbundwerkstoffe auf, Hoechst geht aus den Hochleistungskeramiken heraus.

Das vierte Gebiet sind die neuen Energien, insbesondere die Solarenergie und solarer Wasserstoff. Das könnten die Hauptenergieformen des Informationszeitalters werden, auch wenn das sicher noch zwanzig, dreißig Jahre dauert. Wir haben hier eine gute technologische Ausgangsbasis, aber in der Anwendung gehen die Japaner ungleich entschlossener voran als wir.

Als fünftes Gebiet bleibt noch die Luft- und Raumfahrttechnik. Hier sind wir weit vor Japan und weit hinter den Amerikanern, aber aus verständlichen Gründen geht uns für die Raumfahrt jetzt das Geld aus. Es ist also nicht sicher, ob wir im Jahr 2000 noch einen Vorsprung vor Japan haben werden, denn Japan hat das zu einem der Prioritätsgebiete erklärt.

Ich habe das so ausführlich dargelegt, weil es meines Erachtens von essentieller Bedeutung ist, daß man sich über diesen Stand der Dinge in den neuen Industrien klar wird, und ich denke, das ist genau das, was in unserer ökonomischen Diskussion fast vollständig fehlt. Es gibt hier wirklich eine Spaltung zwischen der Kultur der Technologen, Technologieprofessoren, den Firmen, die in diesen Gebieten tätig sind, sowie deren Mitarbeitern und auf der anderen Seite dem allgemeinen Bewußtsein, das Bewußtsein unserer Ökonomen eingeschlossen.

Das Fazit lautet also: Deutschland ist in Gefahr im Industriezeitalter stecken zu bleiben, und ich behaupte, daß die Folgen dieser Krise bereits jetzt sichtbar werden. Man könnte diesen neuen Hochtechnikindustrien noch die Umwelttechnik hinzufügen, aber die Umwelttechnik ist im Grunde eine Anwendung all dieser Technologien, nicht zuletzt auch der Gentechnik, auf einen bestimmten Zweck, den Umweltschutz.

Diese neuen Hochtechnikindustrien sind also in Japan und in Amerika die großen Wachstumsindustrien, bei uns dagegen, das habe ich gezeigt, sind sie über viele Bereiche hin, eher Schrumpfindustrien. Auch unsere Exporte steigen bereits weit unterdurchschnittlich im Vergleich zur Rate der Weltexporte. Das hat der Sachverständigenrat festgestellt und dann die kleine Bemerkung daran angeknüpft, das könnte vielleicht damit zusammenhängen, daß wir an den eigentlichen Wachstumsbereichen der Wirtschaft nicht partizipieren oder zu wenig partizipieren. Eine kleine, aber goldrichtige Bemerkung, die jedoch für den Rest des Berichtes überhaupt keine Auswirkung hat. Die Arbeitsplätze in diesen Wachstumsindustrien entstehen also anderswo, während wir uns aufs Importieren verlegen. In der Elektronik hatte die EG 1991 bereits ein Handelsbilanzdefizit von über 75 Mrd. DM. Ich frage mich, womit wir das auf die Dauer eigentlich alles bezahlen wollen.

Soweit zur Hochtechnikindustrie. Bei unseren klassischen Industrien haben wir sicherlich die breiteste Produktionspalette in der Welt und sind technologisch insgesamt wahrscheinlich noch an der Spitze. Aber wir müssen klar sehen, daß sich die Bedingungen für unsere klassischen Industrien, auf die sich die Prosperität in den sechziger, siebziger und achtziger Jahren gründete, fundamental gewandelt haben. Einerseits greift Japan in Kernbereichen – Automobile, Werkzeugmaschinen etc. – seit Ende der siebziger Jahre an. Bei Automobilen wurden wir durch Japan weitgehend aus dem japanischen Markt verdrängt, zunächst bei Kleinwagen und Mittelklasseautos, jetzt, seit 1989, auch in der Luxusklasse. Das gleiche gilt für Werkzeugmaschinen, denn der Werkzeugmaschinenbau war in Amerika bis zum Ende der siebziger Jahre stark repräsentiert; dann kamen die Japaner, und jetzt spielen wir nurmehr eine kleine Rolle.

Einerseits ändern sich also die Bedingungen für unsere klassischen Industrien fundamental, und Japan taucht immer mehr auf. Andererseits – und das ist für die weitere Zukunft noch fundamentaler – entstehen neue Industrieländer in Ostasien, Lateinamerika und jetzt auch in Osteuropa. Hier handelt es sich aber um Niedriglohnländer, die uns aus vielen Standardprodukten der klassischen Industrien herausdrängen werden.

Wir befinden uns also heute in einer Zwickmühle: Einerseits die Niedriglohnländer, andererseits die Hochtechnologieländer Japan und USA. Der untere Mühlstein reibt Schicht für Schicht unsere klassischen Industrien weg, der obere Mühlstein versperrt uns den Ausweg nach oben und läßt unsere Hochtechnologieindustrie nicht aufkommen, ja, dezimiert sie jetzt sogar.

Wie kommen wir aus dieser Zwickmühle heraus? Das erste Rezept ist natürlich die Senkung unserer Produktionskosten mit all den Elementen, die das hat: Flexibilisierung der Arbeitszeit und der Betriebsnutzungszeiten, dann – von zentraler Bedeutung – lean production, also die neue Arbeitsorganisation nach japanischem Vorbild, und Verlagerung einfacherer Produkte in Niedriglohnländer. Wenn wir eine Strategie hätten, könnte an und für sich Osteuropa, das jetzt eine Gefahr für uns ist, ein strategisch wichtiger Partner werden. Die Japaner haben mit Südostasien praktisch einen strategischen Verbund geschlossen, in dem die einfachen Aktivitäten, Komponenten usw. nach Südostasien verlagert werden. Auf diese Weise behält man die mit hoher Wertschöpfung verbundenen Aktivitäten, Design, Entwicklung, Konstruktion und Fertigung der komplizierten Teile im Land. Osteuropa könnte also, wenn das richtig gemacht wird, durch einen strategischen Produktionsverbund unsere Wettbewerbskraft ganz erheblich stärken. Und wenn die Osteuropäer an uns exportieren, könnten sie umgekehrt auch bei uns kaufen, weil sie dann das Geld dazu hätten.

Diese Strategie wird ja in der Tat jetzt auch durchgeführt. Es wird im Ausland meistens noch nicht erkannt, was eigentlich in unseren Betrieben derzeit geschieht, nämlich eine radikale Kostensenkung und Verlagerung, sowie ein Maßhalten auch der Gewerkschaften, die bereit sind, Reallohnsenkungen hinzunehmen. Die Kostensenkungsstrategie ist also voll im Gange. Unsere Industrie macht jetzt das durch, was die amerikanische Industrie in den achtziger Jahren unter dem gnadenlosen Wettbewerbsdruck der Japaner durchgemacht hat. Wir werden schlank und rank, und ich sehe keinen Grund, warum zum Beispiel die deutsche oder die europäische Automobilindustrie nicht genau das schaffen sollte, was die amerikanische Automobilindustrie geschafft hat, nämlich voll wettbewerbsfähig mit den japanischen Fabriken zu werden.

Nur ist klar, daß die Konsequenz dieser Strategie eine rapide steigende Arbeitslosigkeit ist. Die neue Arbeitsorganisation, das neue Produktionssystem bedeutet ja, daß man zum Beispiel mit dreißig, vielleicht sogar fünfzig Prozent weniger Leuten – nicht nur Arbeitern, sondern eben auch Angestellten – dieselbe Zahl von Autos erzeugen kann. Die Arbeitslosigkeit in Westdeutschland droht also in einem Maße anzusteigen, daß sie unsere soziale und politische Stabilität erschüttern könnte. Das ist das neue Problem. Nicht die Frage: Wie bringen wir den klassischen Industrien wieder Wettbewerbsfähigkeit bei, sondern, was können wir machen, um die Konsequenz dieser Strategie, die Arbeitslosigkeit, aufzufangen. Wir brauchen also Arbeitsplätze.

Wo gibt es Arbeitsplätze? Nicht in den klassischen Dienstleistungen. Die Banken, Versicherungen, der Staat, die Bundesbahn – sie alle bauen Arbeitskräfte ab. Die Arbeitsplätze sind natürlich in den wirklich schnell wachsenden Industrien zu finden, also in den neuen Industrien, aber in denen sind wir ja schwach. Und sie wären dann in den klassischen Industrien zu finden, wenn dort wirklich neue Produkte geschaffen und neue Märkte erschlossen würden. Wenn wir zum Beispiel mit einem Elektroauto einen ganz neuen Markt für kleine Zweitwagen in der Stadt schaffen würden, wäre es durchaus möglich, auch die klassischen Industrien wieder zu Wachstumsindustrien zu machen. Aber auch dazu brauchen sie im Normalfall die neuen Industrien. Sie müssen voll kompetent sein in der Elektronik und in den neuen Werkstoffen, denn diese neuen Produkte sind normalerweise oder oft Kombinationen von alter und neuer Industrie. Diese neuen Industrien sind meiner Meinung nach auf jeden Fall der Schlüssel für die Zukunft, und wir dürfen nicht zulassen, daß sie sich bei uns weiterhin so schwach entwickeln wie bisher.

Nun stellt sich natürlich die Frage, wie können wir das fertigbringen, daß die Hochtechnikindustrien sich endlich auch bei uns hier entwickeln, und daß wir massiv in diese Industrien vorstoßen. Nun, der klassische Ökonom wird sagen, das macht der Markt, das kann nur der Markt machen. Wenn man darauf erwidert, es sei doch gerade der Markt gewesen, der uns in diese Lage gebracht habe, dann wird die Antwort mit Recht lauten: Wir haben eben keinen richtigen Markt, sondern wir haben diesen Markt durch alle möglichen Maßnahmen verfälscht. Wir müssen endlich diese ganzen Rigiditäten wegräumen, deregulieren, die deutsche Telekom muß privatisiert werden und so weiter. Und damit hätte er völlig recht. Nur: Das hätte vielleicht geholfen, hätte man das schon in den sechziger Jahren gemacht oder jedenfalls in den Siebzigern. Mittlerweile sind wir in vielen Bereichen so weit zurück, daß ich nicht glaube, daß diese Rezeptur allein das notwendige Wachstum der Hochtechnologieindustrien ermöglichen wird.

Ein kleines Beispiel: Wacker Chemitronic hat den Halbleiterverbundwerkstoff Gallium-Arsenid entwickelt und produziert. Das war beste Qualität und dennoch wurde die Produktion wieder eingestellt. Genauso wie die BASF die Produktion von kohlenfaserverstärkten Verbundwerkstoffen wieder einstellte. Es gibt dutzendfach solche Beispiele. Warum stellte Wacker Chemitronic die Produktion ein? Weil sich herausstellte, daß es viel zu wenig Abnehmer gibt, denn die Abnehmer sind Japaner. Die Abnehmer sind diejenigen, die die opto-elektronischen Komponenten machen. Dafür braucht man Gallium-Arsenid. Das aber ist fast monopolisiert von den Japanern, und die Japaner, das muß man ganz klar sagen, kaufen strategisch wichtige Materialien und Werkstoffe nicht von Ausländern, wenn sie sie auch von eigenen Zulieferern bekommen können.

Mit anderen Worten, es fehlt inzwischen in vielen Bereichen das, was der Harvard-Ökonom Michael Porter die Firmen-Cluster nannte. Es fehlen die Downstream- und die Upstream-Industrien, man hat weder Abnehmer noch Zulieferer in ausreichendem Umfang, und auch keine Konkurrenzfirmen, die die Wettbewerbsfähigkeit anstacheln. Und ich glaube Michael Porter hat völlig recht, wenn er sagt, daß diese Firmen-Cluster die nationalen Wettbewerbsvorteile etablieren.

Ein kleines positives Beispiel: Wenn man den Bereich Laser betrachtet, sind wir bei Halbleiterlasern, die man für Opto-Elektronik-Laserdioden benötigt, nicht präsent. Diese Laser kommen alle aus Japan. Aber wir sind Weltklasse in Industrielasern, CO2-Lasern. Warum? Weil wir eine starke Werkzeugmaschinenindustrie haben und also die Abnehmer und auch die anspruchsvollen Kunden vorhanden waren. Allerdings ist dieser Zustand nicht ungefährdet, denn mit den Zulieferern hapert es, und diese Laserhersteller müssen ultrareine Optik und andere Schlüsselkomponenten bereits von Amerika oder Japan importieren. Es fehlen also die Cluster, und deswegen glaube ich nicht, daß der Markt allein, selbst wenn wir ihn noch so sehr von Hemmnissen befreien, diesen massiven Vorstoß in die neuen Industrien bewerkstelligt, den wir brauchen.

Dieser massive Vorstoß kann meines Erachtens nur zustandekommen, wenn wir ein sinnvolles Zusammenwirken zwischen Industriestaat und Gesellschaft bewerkstelligen können. Wir brauchen den Staat nicht in den klassischen Industrien, im Gegenteil, für die gilt, je weniger Staat, desto besser; aber für die neuen Industrien brauchen wir ihn. Und man muß auch ganz klar sehen, daß diese neuen Industrien nirgends, weder in Amerika noch gar in Japan, ohne ein Zusammenwirken mit dem Staat entstanden sind.

Der erste Großcomputer ENIAC wäre wahrscheinlich nie gebaut worden, wenn nicht das Pentagon ihn im Krieg gebraucht und geordert hätte. Dann kam das Apollo-Programm der Mondlandung. Damit verbunden war ein Riesenförderungsprogramm für Halbleiter und für Computer, und ein Effekt des Apollo-Programms war die absolute Vorrangstellung der amerikanischen Halbleiter- und Computerfirmen in den sechziger und siebziger Jahren. 1964 zum Beispiel war das erste Jahr, in dem integrierte Halbleiter produziert wurden. In diesem Jahr wurden 100 Prozent, nicht 99 Prozent, sondern 100 Prozent dieser Halbleiter, die ja noch sehr teuer waren, vom Pentagon für Raketen und von der NASA für das Mondlandungsprogramm gekauft. Auch heute ist es noch so, daß viele Technologien, gerade auch bei diesen neu entstandenen kleinen Firmen, auf denen die Stärke der amerikanischen Technologie beruht, aus der Militärforschung kommen.

Es handelt sich also um einen Mythos, daß in Amerika die neuen Industrien rein aus dem Markt heraus entstanden sind, und über Japan wissen wir ja, daß überhaupt erst die Regierung die Industrie in diese neuen Bereiche hineingeschoben hat. Es gab 1969 einen Kabinettsbeschluß, daß die Wirtschaft umstrukturiert werden muß, in die sogenannten wissensbasierten Industrien. Und 1970 gab es bereits die ersten Pläne zum Aufbau der Informationsgesellschaft.

Wir brauchen also ein Zusammenwirken von Industrie, Staat und Gesellschaft im Bereich der neuen Industrien und beim Aufbau der Informationsgesellschaft – und sonst nirgends. Die drei Akteure zusammen müssen sozusagen die spezifischen Rahmenbedingungen schaffen, in denen die neuen Hochtechnologieindustrien entstehen und gedeihen können, und die zu den allgemeinen Rahmenbedingungen hinzukommen.

Ich will nur einige Stichworte zu möglichen Formen dieses Zusammenwirkens anführen. Es ist sicherlich nicht an das gedacht, was man normalerweise unter Industriepolitik versteht, also daß der Staat lenkend eingreift und mit Subventionen neue Industrien schafft. Wir haben bei uns ja die schlimmste Art von Industriepolitik, die überhaupt denkbar ist, indem wir nämlich sterbenden Industrien nicht etwa Sterbehilfe leisten und den Übergang abfedern, sondern sie mit ungeheuren Kosten am Leben erhalten. Für die Kohle geben wir direkt und indirekt 20 Mrd. DM pro Jahr aus. Schlimmer geht es gar nicht. Und diese Industriepolitik ist das Ergebnis unserer marktwirtschaftlichen bzw. ordo-liberalen Theorie, wie immer man das nennen will. Da wir kein Zukunftsbewußtsein haben, ist es natürlich auch sehr viel schwerer die Lobby abzuwehren, die hierzulande die Subventionierung der Kohleindustrie erzwingt. Hätten wir ein Zukunftsbewußtsein bzw. eine zukunftsgerichtete Politik, wäre die Öffentlichkeit sehr viel leichter mit Argumenten zu überzeugen, daß diese Subventionierung uns schadet.

Beim Zusammenwirken von Staat und Industrie wäre das erste und vielleicht wichtigste, die Bewußtseinsbildung, das heißt die Orientierung der Wirtschaft und der Gesellschaft auf die Zukunft der Informationsgesellschaft hin. Der Staat muß hier eine Moderatorenrolle spielen und die einzelnen Gruppen zusammenbringen. Aus solch einem von seiten des Staates angeregten und moderierten Dialog könnten dann Zukunftsentwürfe und endlich einmal eine Technologiedebatte in unserem Land entstehen.

Zweitens muß sich der Staat natürlich am Aufbau einer Infrastruktur für die Informationsgesellschaft beteiligen, die ja eine vernetzte Gesellschaft ist und abhängig von diesen Netzen, vor allem vom Kommunikationsnetz, aber auch vom Verkehrsnetz und der Energieversorgung. Wenn wir die Deutsche Telekom zum Beispiel in die Lage versetzen würden, schnell ein Breitbandkommunikationsnetz aufzubauen, wie das die Amerikaner jetzt mit dem Electronic Superhighway tun, würde dadurch zum einen ein immenser Nachfragesog nach Hochtechnologie entstehen und zweitens ein ungeheurer Technologie-Push erfolgen. Vieles, wie etwa die opto-elektronischen Anschlüsse und später die rein optischen Anschlüsse sowie die optischen Vermittlungssysteme, muß ja überhaupt erst noch entwickelt werden. Wir würden damit zugleich die Basis für das Entstehen vieler anderer Tätigkeiten legen, denn wenn man eine multimediale Welt schafft, braucht man auch tausende und abertausende von meist kleinen, neugegründeten Unternehmen, die die Software produzieren.

Ich meine, diese beiden Dinge sind am wichtigsten, die Orientierung auf die Zukunft durch das Initiieren eines Zukunftsdialogs und, zweitens, die Mitwirkung bei der Schaffung der Infrastruktur für diese Zukunft, die eben nicht nur die Voraussetzung ist für die neue Wirtschaft, sondern im Aufbau auch ungeheure Anstöße gibt für das Wachstum und das Entstehen der neuen Industrie. Es gibt andere Aufgaben, die dieser Staat als Moderator, Katalysator, Initiator von Forschungs- und Entwicklungskonsortien wahrnehmen muß, und als jemand, der Hochtechnologiemärkte öffnet, da wo sie schwer zugänglich oder de facto fast verschlossen sind, wie in Japan zum Beispiel. Aber diese beiden ersten Aufgaben, Infrastruktur und Orientierung, sind die wichtigsten.

Podiums- und Plenums-Diskussion (Auszüge)

Prof. Dr. Gerhard Fels

Ich glaube, beide Referate hatten keinen allzu zuversichtlichen Grundton. Bei Herrn Prof. Engels war das vielleicht noch etwas ausgeprägter als bei Herrn Dr. Seitz, der zum Schluß doch einen Lösungsvorschlag gemacht hat. Wir sind mit zwei verschiedenen Kulturen konfrontiert worden: Einmal klassische Ordnungspolitik und Reform der Marktwirtschaft, in der Hoffnung, daß damit auch die technologischen Defizite verschwinden. Zum anderen die etwas skeptischere Haltung hinsichtlich der Wirkung der Marktkräfte und wohl auch hinsichtlich der grundsätzlichen Reformfähigkeit des Systems, und deshalb der Vorschlag einer Therapie, die gewisse Tabus anrührt.

Prof. Dr. Wolfram Engels

Herr Dr. Seitz hat in seinem Vortrag das Wort Industriepolitik vermieden, bzw. er hat gesagt, es handle sich nicht um Industriepolitik. Ich meine aber, es handelt sich doch darum. Nun haben wir umfangreiche Erfahrungen mit der Industriepolitik gemacht, und die sind fast ausschließlich schlecht. Rund 90 Prozent aller industriepolitischen Vorhaben waren Fehlschläge und 10 Prozent, wenn man es hoch nimmt, sind gutgegangen. Nun würde Herr Dr. Seitz mir darauf antworten, man müsse die richtigen Industrien fördern. Worauf ich zurückfragen würde, woher wissen wir, was die richtigen Industrien sind? Dr. Seitz weiß es anscheinend. Ich weiß es nicht, aber ich habe grundsätzlich geringeres Vertrauen in Beamte eines Ministeriums, was dieses Wissen betrifft, als in Unternehmer, die zum einen ihr eigenes Geld dafür einsetzen und zum anderen unmittelbar vor Ort agieren. Dr. Seitz plädiert doch für die Übertragung der Kompetenz, die heute Unternehmer haben, auf Beamte. Und ich habe sehr wenig Vertrauen zu dieser Strategie in Anbetracht des nahezu unendlichen Materials zur Industriepolitik in vielen Ländern.

Da findet man ganz selten einmal eine Erfolgsstory. Der Airbus wird zur Zeit immer als Erfolgsstory genannt, aber wenn man diese Geschichte einmal näher untersucht und herausfindet, daß jede deutsche Familie 150,– DM für einen Airbus bezahlt hat, dann ist es natürlich nicht schwer, ein Flugzeug zu produzieren, das fliegt, und natürlich gut fliegt mit solchen Geldern. Nur lautet die Frage, ob das unserem Wohlstand hilft oder ob wir mit dem Geld nicht lieber etwas anderes gemacht hätten. Infolgedessen kann ich das Vertrauen von Herrn Dr. Seitz auch nicht teilen, daß der Staat die richtigen Industrien fördert, wenn er sie denn fördert. Wir haben ja das Beispiel der Kohle gehört, und wir wissen alle, daß die Förderung der Kohlewirtschaft falsch ist. Aber die politischen Zwänge oder Notwendigkeiten und der Druck sind nun einmal so, daß wir die Kohle fördern.

Das Kieler Institut hat einmal alle Subventionen zusammengezählt und hat das dann in einem volkswirtschaftlichen Computermodell durchgerechnet und dabei festgestellt, daß über eine Million Arbeitsplätze neu entstehen würden, wenn man alle Subventionen abschaffen würde, während wir sonst ja immer davon ausgehen, daß die Subventionen Arbeitsplätze erhalten. Sowohl die Empirie als auch die Theorie läßt mich allen Ansätzen zu einer Industriepolitik sehr skeptisch gegenüberstehen. Ich glaube nicht, daß das hilft. Japan hatte übrigens seine großen Wachstumsraten zu einer Zeit, als die Ausgaben für Forschung und Entwicklung weit unter unseren lagen. Inzwischen hat Japan mit den Ausgaben für Forschung und Entwicklung uns gegenüber aufgeholt, und inzwischen gehen auch die japanischen Wachstumraten zurück, auch wenn das nichts direkt miteinander zu tun hat.

Dr. Konrad Seitz

Zunächst einmal zum Beispiel Kohle. Mein Argument ist ja, hätten wir hierzulande, wie es in Japan der Fall ist, ein Bewußtsein dafür, daß es Zukunftsindustrien gibt, daß ein Übergang in das Informationszeitalter stattfindet, ein Bewußtsein, das in Japan ganz bewußt von Elitebürokratie und Industrie zusammen geschaffen wurde, dann fiele es der Politik leichter, die Kohlesubvention abzuwehren. Ich betrachte diese wirklich schreckliche Art von Industriepolitik, mit der wir das Sterben unmöglich machen, als wesentlich verursacht durch dieses Fehlen einer Vorstellung, daß es eine neue industrielle Revolution gibt, daß wir uns im Übergang zu etwas wesentlich Neuem befinden.

Bei der Gentechnik, für die wir eine hervorragende Forschungsinfrastruktur hätten, ist ja klar, daß das einzige Hemmnis die öffentliche Meinung ist, die dann zu einem Gentechnikgesetz führt. Aber schlimmer noch als das Gesetz sind natürlich die Bürgerinitiativen, die behaupten, daß alles, was gentechnisch hergestellt wird, gefährlich sei. Mit dieser Haltung wären wir heute noch Jäger und Sammler und hätten wir niemals in die Agrargesellschaft übergehen dürfen, denn da haben wir neue Pflanzen zwar nicht gentechnisch, aber doch durch Kreuzung hergestellt. Das alles hat etwas zu tun mit der völlig fehlenden Zukunftsorientierung.

Zum zweiten Argument: Woher sollen eigentlich die Beamten wissen, welche die richtigen Industrien sind? Da kann man eigentlich nur sagen, der Dialog zwischen den Technologen und den klassischen Ökonomen ist wirklich ein dialogue of the dead. Es sind immer dieselben Mißverständnisse: Kein Mensch behauptet, daß die Beamten lenken sollen und wissen, welche Industrien die richtigen sind. Der Staat soll nicht lenken, sondern der Staat soll moderieren. Er soll also die Industrie zusammenbringen, soll die Fragen stellen, und dann ergeben sich aus diesem Dialog sicherlich manche Konsenslinien.

Wir wissen natürlich nicht, welches Produkt sich am Markt durchsetzt, aber wir wissen mit absoluter Sicherheit, daß die fünf von mir genannten Industrien die ganz großen Wachstumsindustrien sind. Infolgedessen wäre es sehr gut, wenn hier wie in Amerika hunderte von Kleinunternehmen entstünden, die sich mit Gentechnik befassen und versuchen, neue Medikamente und neue Pflanzen gentechnisch herzustellen, Pflanzen etwa wie Getreide, das kein Stickstoff aus der Luft aufnimmt und damit eine umweltfreundliche Landwirtschaft ermöglicht. Wir wissen, daß Gentechnik wichtig ist, und infolgedessen müssen wir der Gentechnik die Bahn brechen. Und wir brauchen dazu offensichtlich die Politik.

Es geht also nicht um Industriepolitik, sondern darum, daß der Staat endlich einen Zukunftsdialog in Gang bringt, daß er die Industrie zusammenführt. Die Unternehmen wären dankbar dafür, weil sie wissen, daß sie das allein nicht zustandebringen können. Man muß ja auch wissen, welche Voraussetzungen nötig sind, damit man in einem Bereich überhaupt investieren kann. Dazu braucht man irgendein Gremium, das sich mit diesen Fragen beschäftigt, und das kann nur der Staat initiieren und moderieren, ohne deswegen in einem Ministerium die Szenarien auszuarbeiten.

Florian J. Hoffmann

Geschäftsführer der Kahla-Porzellan GmbH; Kahla

Ich habe eine Frage an Herrn Professor Engels. Ich hätte gerne den gedanklichen Bogen zum gestrigen Vortrag von Frau Dr. Seebacher-Brandt geschlagen und Ihre Meinung zu der These gehört, daß das Ende der Industrie bereits eingeläutet ist, oder daß das Industriezeitalter sogar schon zu Ende ist.

Prof. Dr. Wolfram Engels

Also ich glaube schon, daß das Industriezeitalter zu Ende geht und daß wir zu anderen, kleineren Organisationsformen der wirtschaftlichen Tätigkeit kommen werden als der klassischen Fabrik. Das ist ein Prozeß, der im Gange ist und der sich meines Erachtens fortsetzen wird.

Das zweite Bemerkenswerte in diesem Zusammenhang ist, daß man immer von der Dienstleistungsgesellschaft spricht. Der Dienstleistungsanteil am Sozialprodukt ist ja heute deutlich größer als der Anteil der Industrie. Das ist insofern merkwürdig, als jeder von uns weiß, daß die Dienstleistungen eigentlich zurückgehen. Das Wachstum der Dienstleistungsgesellschaft entsteht statistisch zum einen daraus, daß aus der Industrie Leistungen ausgegliedert werden, die vorher im Haus erbracht worden sind. Zweitens lassen sich die Dienstleistungen schwerer rationalisieren, so daß Arbeitsplätze in der Industrie, wo das Rationalisierungstempo sehr hoch ist, abgebaut werden, während Arbeitsplätze im Dienstleistungssektor verschont bleiben.

Es gibt aber natürlich auch Dienstleistungssektoren, die zu den ganz großen Wachstumsindustrien der Zukunft gehören. Dazu zähle ich die ganze Kulturindustrie mit ihrer Produktion von Mickey Mouse-Centern, Filmen, Büchern, Zeitungen etc. Da sind wir schwach in Deutschland, während die Amerikaner die Nase vorn haben. In diese Reihe gehören auch das Banking, das Versicherungswesen und der Tourismus, Sparten, in denen wir zu den größten Nettoimporteuren von Dienstleistungen zählen. Insoweit würde ich Herrn Dr. Seitz natürlich völlig zustimmen, daß wir derzeit in Deutschland ein Produktsortiment haben, in dem die alten Produkte überwiegen und die jungen Produkte, aber nicht nur im Bereich der Hochtechnologie, sondern auch im Dienstleistungssektor, ausgesprochen schwach vertreten sind.

Dr. Christian Schwarz-Schilling

Also die Superhighways, die Clinton vorschlägt, sind wirklich ein alter Hut. Und die Schwierigkeit ist die, daß der Staat dafür rund 20 Mrd. Dollar zur Verfügung stellt, das entspricht der Summe, die die Telekom in Deutschland in einem einzigen Jahr ausgibt. Die amerikanischen Telefongesellschaften haben zurecht gesagt, ja, das brauchen wir alles, wir sind dabei, die ganze Glasfaserinfrastruktur in den Vereinigten Staaten zu bauen. Wir in Deutschland haben aber übrigens schon viel früher ein Glasfaservorstandardnetz gebaut, als Frühbeet, das sich auch lohnt.

Die Erfolgsstories sind also durchaus sehr viel größer, und hier stimme ich mit Herrn Dr. Seitz völlig überein, als das von Prof. Engels hier so etwas abfällig dargestellt worden ist.

Wir haben zum Beispiel das ISDN-Netz in Deutschland als eine Zusammenarbeit zwischen Industrie und den entsprechenden Behörden entwickelt, die Entwicklungen in diesem Bereich zu approbieren haben. Heute ist es ein weltweiter Standard mit großen Möglichkeiten für unsere Industrie, die ansonsten auf diesem Gebiet überhaupt nicht mehr exportieren könnte. Das japanische System wurde abgehängt. ISN, das bis vor acht Jahren noch als der potentielle Weltstandard galt, gibt es nicht mehr; in Amerika hat man ISDN übernommen.

Auf dem Gebiet des Mobilfunks (GSM) sind wir dagegen, was die Implementierung angeht, ganz weit hinten. Da braucht man ja nur nach Ostasien bzw. Hongkong gehen und sehen, was dort bereits im Gange ist. Aber das Zukunftssystem, der digitale Mobilfunk, ist in Europa entstanden. Den GSM-Standard haben wir durch eine unglaublich intensive Diskussion mit den anderen Staaten Europas und mit der Industrie in Europa entwickelt, unter immensen Schwierigkeiten. Heute gibt es bereits 30 Länder auf der Welt, die den GSM-Standard eingeführt haben oder die ihn einführen werden. Auch in Hongkong und Singapur und wo immer es heute Mobilfunktelefone gibt, wird man in der nächsten Generation unseren Standard haben. Das ist eine riesige Chance für Europa. Und daher bin ich auch nicht der Ansicht, daß wir im Bereich der Telekommunikation weit abgeschlagen sind.

Es besteht jetzt die ganz andere Gefahr, daß sich die knappen Infrastrukturen zu sehr in staatlicher Kontrolle befinden, und da bin ich nun auch wieder anderer Meinung als Herr Dr. Seitz. Wir können sie zwar nicht privatisieren, aber wir müssen natürlich den Wettbewerb lizensieren. Man sieht ja bereits, was im Mobilfunk durch die Konkurrenz zweier Systeme, dem der Telekom und dem von Mannesmann, entsteht, und wie die Preise purzeln. Ohne den Wettbewerb hätte die Telekom noch fünf Jahre auf ihrem alten C-Netz gesessen, und wir hätten die Möglichkeit eines vernünftigen Netzes versäumt. Das gleiche gilt für die Infrastrukturen im Bereich der terrestrischen Netze.

Ich möchte es aber in aller Deutlichkeit sagen: Beamte können nicht über ökonomische Weichenstellungen entscheiden, auch wenn der Staat Regulierungskompetenzen haben muß. Vor allem aber müssen er und die Industrie lernen, einander zuzuhören, und in dieser Hinsicht, das gebe ich gerne zu, haben wir wenige Politiker und wenige Beamte, die auch die Fähigkeit des Empfangens und nicht nur die des ständigen Sendens entwickelt haben. Aber wenn das geschieht, und da glaube ich eben doch, daß Herr Dr. Seitz Recht hat, muß jemand diese Moderatorenrolle spielen.

Es ist ja nicht so, als ob sich alles von alleine ergäbe: Daß die Television-Industrie die richtigen Geräte baut, die Satellitenbetreiber die dazugehörigen Transponder, die entsprechenden Chiphersteller den Chip rechtzeitig produzieren, und der Standard dann überall gleichzeitig angewendet wird, ohne daß die Betroffenen darüber miteinander reden.

Und ich war der erste, der die Leute überhaupt zusammengebracht hat, wenn auch zwei Jahre zu spät, wie ich heute sagen würde. Deshalb ist auch im HDTV Europa abgehängt, obwohl die Japaner keineswegs reüssiert haben. Die Amerikaner haben die FCC, also eine staatliche Institution, als Moderator ausersehen, die die ganze Industrie zusammengesetzt und viel von digitaler Technik gesprochen hat, obwohl dort vor 1998 überhaupt nichts zu sehen sein wird. Wir aber haben unsere Sache aufgegeben, weil wir davor zurückgeschreckt sind, daß Amerika etwas anderes macht. Wir haben die Japaner überholt, aber durch Nichtkoordination in Europa haben wir eine gute Entwicklung nicht mehr zu Ende geführt. Und insofern stimme ich Herrn Dr. Seitz zu, es muß bei strukturellen Technologien, bei denen einzelne Unternehmen nur einen Teil herstellen, eine Koordinatorenrolle geben. Wie soll denn sonst eine Koordination funktionieren, die technologisch ist und nicht am Markt entschieden wird?

Wenn Sie ein Link haben, das nicht läuft, zum Beispiel das Satellitentransponder, dann haben die anderen alle umsonst entwickelt, und wenn ein Partner mit dem Argument zu hoher Entwicklungskosten aussteigt, dann muß dieses Link in irgendeiner Weise koordinierend geschlossen werden. Und das geht nur durch eine solche Moderatorenrolle einer öffentlichen Institution, des Staates oder einer dritten Institution, wie sie in Japan und in Amerika existieren.

Eines sollte man dabei auch nicht übersehen: Die Neugier, die die Japaner haben, wenn irgendwelche neuen Dinge erzählt werden. Die Japaner können zuhören, die ganze Kultur besteht ja darin, eine Kultur erst einmal zu imitieren und dann das Richtige obendrauf zu setzen. Wir setzen immer nur drauf und hören nicht, was andere schon gedacht und entwickelt haben.

Dr. Claus Welcker

Alfred Schütte GmbH & Co. KG; Köln

Beim Stichwort „Moderation“ denken Sie, Herr Dr. Seitz, sicher auch an das japanische MITI (Ministerium für Internationalen Handel und Industrie). Wahrscheinlich schwebt Ihnen so etwas auch für uns vor, eine Institution, die ohne Beamte, aber doch effizient, Richtungen weist oder so funktioniert, wie Herr Dr. Schwarz-Schilling das auch formuliert hat.

Aber wir müssen uns nach den Voraussetzungen für das Funktionieren einer solchen Industriepolitik fragen. Eine solche Grundvoraussetzung ist eine nationale Begeisterung für den wirtschaftlichen Fortschritt. Wann immer man eine der in Japan erscheinenden englischsprachigen Zeitungen aufschlägt, der Tenor lautet stets: „Wir sind vorne, wir müssen weiter nach vorne kommen, wir müssen uns weiter anstrengen, die Nation ist gefordert, etc.“

Junge Leute streben in Industrien, wenn man ihnen sagt, daß dort die Zukunft liegt, während bei uns der Einfluß des Staates auf die Jugend oder auf den Fortschritt sehr gering ist. Hierzulande sind die Menschen, und daran kommt die Politik nicht vorbei, darauf bedacht, für sich und für ihre Familie Besitzstände zu bewahren, während man in Japan bei den Zukunftsindustrien und den Entwicklungen von morgen dabei sein will. Nach einer langen Industrialisierungszeit und einem langen Wohlleben denkt man hier, verständlicherweise, anders. Dadurch ist aber auch schon eine wesentliche Voraussetzung der Moderation in Frage gestellt.

Eine deutsche Regierung, die von heute auf morgen die Kohlesubvention einstellen würde, würde im Ruhrgebiet keinen einzigen Wähler mehr finden und abgesehen davon von allen Seiten beschimpft werden. Das gilt ganz unabhängig davon, wieviele Arbeitsplätze man mit dem Geld schaffen könnte. Das gleiche gilt für den Schiffbau. So etwas läßt sich in unserem Land eben politisch nicht durchsetzen.

Eine zweite Voraussetzung für das Funktionieren des japanischen Modells war, daß dort alles geräuschlos vor sich ging. Als vor drei Jahren auffiel, daß dem Irak zuviel Rüstungsmaterial von deutschen Firmen geliefert worden ist, wurde hier von den Beamten ein großangelegtes Gesetzgebungswerk in Gang gebracht, das aber für den Export von Werkzeugmaschinen fatale Folgen hatte. Wenn dagegen, ich bleibe beim Beispiel Werkzeugmaschinen, die Japaner in Europa wegen zu niedriger Preise auffallen, dann werden stillschweigend über die Banken Rabatte aufgehoben, und wenn man nachfragt, heißt es, das hat das MITI so moderiert. Allerdings möchte ich davor warnen, das MITI als eine Lösung anzusehen, denn diese Institution ist degeneriert. Ein Großteil des Skandalsumpfes, der jetzt in Japan ans Licht kommt, hat damit zu tun, daß aus dem Vorabwissen des MITI Profit geschlagen wurde.

Ich muß also Herrn Prof. Engels zustimmen. Abgesehen davon, daß diese Art von Moderation bei uns nicht funktionieren würde, würde hier eine Unternehmung wie das MITI beamtenmäßig und damit so wie unsere Außenwirtschaftsgesetze oder unsere Gentechnikgesetze enden, nämlich in der vollkommenen Verstopfung. Davor habe ich Sorge. Einen Ausweg habe ich nicht.

Dipl.-Vw. Dr. Friedrich Hassbach

Wirtschaftsvereinigung Bauindustrie e.V. NRW; Düsseldorf

Ich habe eine kurze Frage an Herrn Dr. Seitz. Sie haben in Ihren zumindest im Diagnoseteil von mir nachvollziehbaren Ausführungen einen Satz gebracht, der mich sehr irritiert hat. Sie sagten, am Beispiel Kohlebergbau, die Subventionen seien Folge der ordo-liberalen Wirtschaftspolitik. Falls dies kein Lapsus linguae gewesen sein sollte, würde ich Sie hierzu doch gerne um Aufklärung bitten.

Dr. Konrad Seitz

Was ich sagen wollte und, hoffe ich, auch gesagt habe, ist folgendes: Die ordo-liberale Haltung ist ja, daß der Staat überhaupt keine Rolle in der Frage spielt, was eine Volkswirtschaft produzieren soll. Das entscheidet allein der Markt. Das heißt, es widerspricht bereits dem Geist des Ordo-Liberalismus, jedenfalls so wie wir ihn jetzt verstehen, daß sich der Staat darüber Gedanken macht, was denn eigentlich Zukunftsindustrien sind. Der Ausdruck „Strategische Industrien“ erweckt bei jedem klassischen Ökonomen Horrorvorstellungen. Wenn man davon spricht, daß eine Industrie wichtiger sei als die andere, bricht in diesem System etwas zusammen. Aber wenn man der Maxime anhängt, daß der Staat sich an der Diskussion über das, was in Zukunft produziert werden sollte, am besten gar nicht beteiligt, dann ist das Resultat eben eine Gesellschaft und eine Wirtschaft ohne Zukunftsvorstellungen, während in Japan diese Zukunftsvorstellungen bewußt geschaffen werden.

Um als Politiker Subventionsanträge von Lobbys abwehren oder bestehende Subventionen kürzen zu können, muß man ein Bewußtsein dafür schaffen, wohin Wirtschaft und Gesellschaft sich entwickeln. Man kann nicht einfach sagen, ich nehme die Subvention weg, denn dadurch entstehen Arbeitsplätze, sondern man muß den Menschen eine Vorstellung davon geben, worum es geht und warum etwas eine sinnvolle Maßnahme ist. Das wollte ich ausdrücken.

Pater Prof. Dr. Dr. Iwan Sokolowsky SJ;
Wien/Österreich

Die Frage von Herrn Prof. Engels nach dem Theologen ermutigt mich zu einer kleinen Anmerkung. Die Kirche, die gefragt ist, welchen Halt sie geben könnte, ist wahrscheinlich überfordert, wenn es um irgendeinen irdischen Halt geht. Ich nehme sogar an, daß sie nicht nur überfordert ist, sondern daß sie auch leicht in die Irre leiten könnte, wie man dort sieht, wo sich Religion und Nationalismus gegenseitig stützen, um einen irdischen Halt dann religiös zu überhöhen. Die augenblickliche Kultur in Europa erscheint als eine Kultur der Angst, und diese Angst ist keine große Hilfe, um die Zukunft gut zu meistern. Aus Angst wendet man sich verschiedenen Fanatismen zu, um etwas zu verteidigen, was man dann mit schlechten Mitteln verteidigt.

Daher müßte es meines Erachtens der Beitrag der Religion sein, eine Kultur der Dankbarkeit zu schaffen. Nicht eine Kultur der Hoffnung, denn diese Hoffnung liegt aus religiöser Perspektive gesehen ja im Jenseits, nicht im Diesseits. Trotz aller geschichtlichen Unfälle hat die jüdische Kultur der Dankbarkeit, die gelebte Dankbarkeit für die eigene Kultur, für die Erwählung des Volkes, für die verschiedenen Möglichkeiten, die das Judesein hatte, dazu beigetragen, daß sich das Judesein in der Dankbarkeit für die Rabbis, mögen sie auch manchmal merkwürdig sein, eine Festigkeit erworben hat, die dem ganzen Volk Zukunftshoffnung gibt.

Dasselbe gilt für die christlichen Kirchen, die ja den Gottesdienst Eucharistie, also Dankbarkeit nennen. Wenn diese Kultur der Dankbarkeit im Volk gefördert wird, erwächst daraus sehr viel Neues. Ich habe zum Beispiel gestaunt, wie die Südkoreaner jetzt in Rußland in Joint-ventures Fabriken übernehmen und versuchen, den russischen Arbeitern, die dort beschäftigt sind, das System der Dankbarkeit gegenüber der Firma beizubringen und wie dann die Firma auch so arbeitet, daß sie diesen Dank der russischen Mitarbeiter verdient.

So würde ich hoffen, daß diese Kultur der Dankbarkeit auch in Mitteleuropa ein Beitrag der Religion sein kann, damit man zum Beispiel nicht mehr fürchten muß, daß alte Leute nicht gepflegt werden. Momentan ist es ja so, daß die alten Leute nicht dankbar sind, sondern auf ihr Recht pochen, gepflegt zu werden. Andererseits ist aber niemand da, der mit diesem Recht irgend etwas anzufangen weiß, und jeder sagt, wozu soll ich den Dummen spielen, jemanden nur, weil er so viele Krankenkassenbeiträge bezahlt hat, jetzt auch zu pflegen. So etwas kann sich nur aus einer Kultur der Dankbarkeit ergeben, daß viele Menschen neue Freude daran finden, anderen zu helfen, daß schon bei den Jugendlichen, die so erzogen sind, eine Freude entsteht, aus Dankbarkeit, diesem Lande zuzugehören, dieser Sprachgruppe oder dieser Nation. Und da Dankbarkeit keine Feinde braucht, könnte daraus wirklich eine Zukunft entstehen, die manches zu lösen imstande wäre, was jetzt unlösbar erscheint.

Prof. Dr. Wolfram Engels

Ich hoffe, nicht dergestalt mißverstanden worden zu sein, als wollte ich den Staat abschaffen. Der Staat hat Aufgaben, die nur er erfüllen kann. Er ist zum Beispiel der Regulator und der Organisator der Gesellschaft, und diese Aufgabe kann niemand anderes bewältigen. Eines unserer Probleme ist aber, daß der Staat immer mehr Aufgaben an sich zieht, für die er sich nicht eignet, und im Gegenzug Aufgaben vernachlässigt, die nur er erledigen kann. So ist zum Beispiel die innere Sicherheit in Deutschland nicht mehr gewährleistet, weil der Staat versagt. Im Gegensatz dazu gibt es Dinge, die nicht in den Aufgabenbereich des Staates fallen, zum Beispiel die Produktion von cholesterinfreiem Flüssigei, wie sie der Staat Bayern betreibt. In anderen Fällen, in denen es Standards geben muß, also etwa bei der Steigung von Schraubengewinden oder der Breite von Glühlampenfassungen, können diese sowohl vom Staat als auch von privaten Organisationen festgelegt werden. Im Fall der Post ist es so, daß Standards einfach deswegen gesetzt werden müssen, weil die Post dem Staat gehört.

Es gibt also sicherlich eine Fülle von Staatsaufgaben, die der Staat wenig oder schlecht erfüllt und andere Aufgaben, die er an sich gerissen hat und die er nicht gut erfüllt. Je größer eine Organisation wird, um so weniger kann die Organisationsspitze Detailentscheidungen fällen, um so mehr muß sie sich darauf verlassen, daß die Organisation als ganze in Ordnung ist. Und da der Staat nun einmal eine sehr große Organisation ist, wird er sich immer in erster Linie als Organisator sehen müssen, also als derjenige, der die sogenannten Rahmenbedingungen setzt.

Ich habe jetzt bei Herrn Dr. Seitz eine etwas moderierte Fassung dessen gefunden, was er in seinem Buch geschrieben hat. In seinem Buch vertritt er meines Erachtens noch ganz klar die Ansicht, daß der Staat die Produktion von Chips mit möglichst viel Geld fördern sollte. Und wenn wir in den Vertrag von Maastricht schauen, dann hat die Kommission danach die Kompetenz, eigene Fabriken aufzubauen und zum Beispiel Chips zu produzieren. Das darf sie, – und das sollte sie nicht dürfen.

Außerdem hat sich der Staat in Deutschland überwiegend als jemand verstanden, der die Industrie in Schach halten und kontrollieren muß, während im japanischen Selbstverständnis der Staat die Industrie fördern soll. Natürlich bedarf es vieler staatlicher Regulierungen, die Gentechnik ist ja nur ein Beispiel. Es ist aber bei uns insgesamt eine wirtschaftsskeptische bis wirtschaftsfeindliche Stimmung entstanden, und diejenigen, die gedacht haben, das sei eine Angelegenheit der sozialliberalen Koalition, mußten sich belehren lassen, daß das unter der jetzigen Koalition ganz genauso ist.

Wenn man also mit dem Begriff Industriepolitik oder Wirtschaftspolitik meint, daß der Staat eine wirtschaftsfreundliche Politik betreibt, daß er die privaten Entscheidungen fördert, dann bin ich ein Anhänger der Industriepolitik. Aber nicht, wenn der Staat sagt, wir brauchen cholesterinfreies Flüssigei, denn das ist eine Zukunftsindustrie.

Dr. Konrad Seitz

Der Staat wird sicherlich nicht das cholesterinfreie Flüssigei fördern, aber da es im Zweifelsfall gentechnisch hergestellt wird, müßte der Staat die spezifischen Rahmenbedingungen bzw., in diesem Fall, vor allem das allgemeine Bewußtsein schaffen oder jedenfalls dazu beitragen, es zu schaffen, daß es in der Gentechnik vorangeht, damit irgendeine Firma dann tatsächlich dieses cholesterinfreie Flüssigei produzieren kann.

Ein Wort zu Herrn Dr. Schwarz-Schilling. Ich gehöre zu den Bewunderern dessen, was Sie als Minister geleistet haben. Es ist aber fraglich, ob die guten Voraussetzungen, über die wir technologisch und konzeptionell verfügen, ausreichen werden, um uns an der Spitze zu halten. Wenn ich sehe, wie wir die Deutsche Telekom behandeln, bin ich sehr skeptisch. Sie muß ihren Gewinn abgeben, und sie muß nebenbei noch die Post und die Postsparbanken finanzieren.

In der Regierung ist offensichtlich überhaupt kein Bewußtsein dafür vorhanden, daß es sich bci der Telekom um das wichtigste Unternehmen überhaupt für die Gestaltung der Informationsgesellschaft und für die informationstechnische Industrie handelt. Jetzt wird sie also auf einen Eigenkapitalanteil von inzwischen 24 Prozent abgeschmolzen, und sie muß auch noch unter großen Verlusten die Infrastruktur der Telekommunikation in Ostdeutschland aufbauen, was im Grunde ebenfalls eine staatliche Aufgabe ist. Wie also soll die Deutsche Telekom diese Hunderte von Milliarden Mark aufbringen, um in den nächsten zehn bis fünfzehn Jahren wirklich ein Breitbandkommunikationsnetzwerk zu schaffen.

Zum zweiten besteht, wenn man sich die Großallianzen der letzten Wochen (AT + T und Kokusai, British Telecom und MCI) ansieht, die ganz konkrete Gefahr, daß die Deutsche Telekom ihren lukrativsten Markt verliert, also die Großfirmen, weil die globalen Netze eben von AT + T oder British Telecom angeboten werden. Die Deutsche Telekom ist also in ganz ernster Gefahr.

Die Clinton-Initiative würde ich nicht als alten Hut bezeichnen, denn dabei geht es ja gar nicht einfach darum, die Netze zu bauen. Das machen natürlich AT + T und die Kabelbetreiber. Die Amerikaner haben hier vielmehr deswegen einen großen Vorsprung, weil sie systematisch alles berücksichtigen, was man für die Nutzung dieser Breitbandkommunikation benötigt. Also den Aufbau von entsprechenden Datenbanken, den Aufbau von parallel verarbeitenden Computern, die nötige Ausbildung, vor allem aber auch die Dienste, die Software.

Wir dagegen schaffen entsprechende Netze, ohne uns um die Softwareentwicklung zu kümmern, und darum, was wir mit den Netzen eigentlich machen wollen. So liegen wir in den Mehrwertdiensten erschreckend weit hinter AT+T zurück. Es ist also leider, trotz einiger Spitzenpositionen, selbst in der Telekommunikation nicht so, daß wir unbesorgt in die Zukunft blicken können.

Zum Thema MITI: Auch ich bin der Ansicht, daß eine grundsätzliche Voraussetzung für das Gedeihen dieser Technologien eine (nationale) Begeisterung für den technischen Fortschritt ist. Mit einer Stimmung, wie wir sie in den siebziger Jahren erzeugt haben, die in den achtziger Jahren anhielt, daß technischer Fortschritt eigentlich etwas Schlechtes ist, kann man natürlich keine neuen technischen Industrien schaffen. Ich glaube aber, daß diese Stimmung bei einem großen Teil der Deutschen sehr abgeflaut ist und daß man auch den noch immer skeptischen Rest mit einer soliden Informationskampagne überzeugen könnte, bei der der Staat mitwirkt und die Industrie die Führung übernimmt, wie uns das die Japaner vorgemacht haben.

Die Japaner kommen ja nicht technik- und fortschrittsbegeistert auf die Welt, sondern sie werden so erzogen. Wenn man sieht, wie MITI und Industrie zusammenwirken, um etwa die Elektronikweltausstellung in Tsukuba umzufunktionieren in ein Instrument, um den einfachen Mann in Japan für die Informationsgesellschaft zu gewinnen, dann begreift man, daß das Dinge sind, die geschaffen werden. Die Deutschen sind ja auch nicht bloß von Natur aus so, wie sie sind, sondern sie wurden durch unser System so und durch das völlige Fehlen einer Kampagne für die Zukunft.

Man muß sich ja nur ansehen, was unsere Politiker in den letzten zwanzig Jahren in ihren Reden von sich gegeben haben. Das war vor allem Zukunftsangst, damit kam man nämlich an. Die anderen sehen zunächst einmal die Chancen und versuchen dann, die Risiken unter Kontrolle zu halten, wir dagegen sehen vor allem die Risiken. Mit der Verteufelung der Gentechnik und dergleichen durch einige Intellektuelle, haben wir es ja fertiggebracht, die neue Gesellschaft nicht als Informationsgesellschaft, sondern als Risikogesellschaft zu kennzeichnen. Das also war die Stimmung, und das wichtigste wäre, daß wir nun, da alle Voraussetzungen dafür vorhanden sind, diese Stimmung umkehren.

Schwarz-Schilling

Gesellschaft

Moderation: Dr. Gerhard Schwarz,
Neue Zürcher Zeitung; Zürich/Schweiz

Dr. Gerhard Schwarz

Meine Damen und Herren, ich begrüße Sie zum Endspurt dieses Symposiums mit einem originell zusammengesetzten Podium. Das Thema bzw. das Subsystem, wie es die beiden anderen Moderatoren genannt haben, lautet diesmal: Gesellschaft. Wir haben hier nicht nur zwei Naturwissenschaftler und einen Ökonomen als Moderator, sondern originellerweise auch keinen Vertreter Westdeutschlands, sondern jemanden aus den neuen Bundesländern, einen Österreicher, der seit vielen Jahren in Deutschland arbeitet, und einen naturalisierten Schweizer, der aus Österreich stammt.

Prof. Dr. Jens Reich
Max-Delbrück-Centrum für molekulare Medizin;
Berlin-Buch

Zu meinem Thema, Konsumismus oder neue Bescheidenheit, muß ich von vorneherein anmerken, daß ich natürlich mit meinen Lebenserfahrungen von einem fernen Stern komme, auf dem systematisch Antikonsum und Konsumverhinderung betrieben wurde. Ich denke an meine Zeit in der Sowjetunion, an die täglichen Nöte, die die Menschen dort hatten, um einigermaßen zusammenzubekommen, was für die Stillung der natürlichen Bedürfnisse notwendig war. Und ich denke auch an die katastrophalen Folgen, die das gescheiterte System dort für die Umwelt hatte, zum Beispiel den Aralsee, der kaputtgemacht worden ist. Nur mit Mühe und Not ist ja zu Gorbatschows Zeiten verhindert worden, daß der Aralsee mit den großen sibirischen Flüßen wieder aufgefüllt wurde. Wenn das gelungen wäre, wäre die nördliche Hemisphäre sicher kaputt gewesen. Es ist gerade noch verhindert worden.

Wir haben bereits über Utopien verhandelt und den Untergang von Utopien. Ich habe auch eine Utopie anzubieten. Für mich haben die letzten drei Jahre nicht nur die Vereinigung Deutschlands gebracht, sondern auch ein kleines Enkelkind. Und wenn ich das Enkelkind so sehe, ein kleines Mädchen, das mich vertrauensselig und freundlich anlacht, wenn ich mich ihm nähere, dann habe ich die Utopie, daß dieser Mensch im Jahre 2050 noch Luft bekommt, und wenn sie Wasser trinkt, danach keinen Hautausschlag bekommt, und daß auch ihre Kinder und ihre Enkelkinder dann noch in eine Zukunft sehen. Ich weiß nicht, ob das eine bescheidene oder eine sehr anspruchsvolle Utopie ist. Es ist jedenfalls das, was mich optimistisch macht, optimistisch zu sein zwingt. Und es hat natürlich zu tun mit Konsum und Konsumismus und mit unserer Umwelt und Ökologie. Diesen Zusammenhang will ich herstellen.

Ich bin Naturwissenschaftler, Biologe, und ich habe mich lange mit biologischer Systemtheorie beschäftigt. Mein philosophischer Begriff von Konsum kommt daher also zunächst aus dem Fachgebiet. Das Urbild des Konsums ist für mich, ich nehme einen Apfel, beiße hinein, verzehre ihn, konsumiere ihn, vernichte ihn mit der geplanten oder der gemeinten Folge, wie wir alle wissen, so daß der Kern dieses Apfels weitergetragen wird, anderswo in die Erde kommt und ein neuer Apfel entsteht. Dafür dieser Aufwand, dafür also der Konsum, mein Konsum. Auch daß der Apfel schmeckt, wenn er nicht gerade so ein mehliges Industrieprodukt ist, – das alles hat den Sinn, den Kreislauf, einen natürlichen Kreislauf, am Leben, am Drehen zu halten.

Im großen gesprochen, haben wir also einerseits die autotrophe Biosphäre, wo die grünen und die blauen Pflanzen mit Hilfe des Sonnenlichtes die Biomasse herstellen, also CO2 reduzieren, und wir haben die heterotrophe Biomasse, dazu gehören wir, die wir dieses Kohlehydrat und die sonstige Biomasse wieder aufoxidieren zum CO2. Wir sind also als Naturwesen in einem gigantischen Kreislauf eingebunden, der Kohlenstoffkreislauf ist ja nur einer, es gibt einen Stickstoff-, einen Schwefelkreislauf, einen Wasserkreislauf, die alle ineinander verzahnt sind.

Da gehören wir hinein. Nicht nur mit unserer Nahrung und nicht nur mit dem Wassertrinken. Auch wenn wir als Naturwesen in der Urgesellschaft Holz geschlagen haben, um ein Haus zu bauen, sind wir in diesem Kreislauf, befördern wir ihn oder wenn wir Holz verheizen, damit es uns warm wird und wir nicht mehr frieren. Und diese ganzen Kreisläufe haben die Eigenschaft, daß sie in Gleichgewichten laufen, daß ein steady state, ein Fließgleichgewicht, den Sinnzusammenhang des Ganzen konstituiert.

Wir kennen in der Biologie natürlich auch das Phänomen der Überlastung solcher Kreisläufe. Ein Beispiel ist die Savanne, wenn es jahrelang nicht geregnet hat. Oder die Bakterienkultur im Erlmeierkolben, der eine gewisse Nahrungslösung zugesetzt ist, die erst dann wächst und in Not kommt, wenn die Nahrung zu Ende ist. Die Folge der Überlastung solcher Kreisläufe ist der Zusammenbruch von Populationen. Für Bakterien ist das eine normale Lebenserscheinung, dieses Auf und Ab. Ein paar überleben dann bis zur nächsten günstigen Gelegenheit, und auch in der Savanne blüht alles wieder auf, wenn der Regen kommt. Erst die Pflanzen und dann die Tiere. Das Resümee des Konsums in diesen natürlichen Kreisläufen lautet also, erstens, sie sind gefesselt, gekoppelt an vitale Bedürfnisse: mein Hunger, mein Wärmebedürfnis. Zweitens, die Produkte sind voll rezyklisierbar, gehen wieder ein in den Kreislauf. Es gibt mit wenigen Ausnahmen keine Senken, in denen etwas verschwinden kann und liegenbleibt. Eine der Ausnahmen sind die Wälder, die sich im Karbonzeitalter in Kohle und in Erdöl verwandelt haben und jetzt in der Erde liegen. Es existiert ein ökologisch stabiles Gleichgewicht und es gibt eine selbstregulierende Katastrophe bei Überlastung mit einem Zusammenbruch der Populationen als Folge.

Gehen wir über zum Konsumbild in menschlichen Gesellschaften, also aus dem Naturzusammenhang heraus. Nehmen wir zum Beispiel eine traditionelle Dorfgemeinschaft oder eine Nomadengruppe, die sich in der Steppe bewegt. Auch dort haben wir alles, was Konsum ist, und zwar an Bedürfnisse, an natürlich erklärbare Bedürfnisse gekoppelt. Auch im traditionellen Dorf haben wir nahezu vollständig rezyklisierbare Endprodukte.

Das gilt auch in den traditionellen Kulturen, sagen wir in der antiken Kultur, aber da schon mit Ausnahmen, denn dort haben wir heute, Gott sei Dank, noch einige griechische Säulen, oder wir haben aus dem Mittelalter gotische Dome, das ist also noch nicht rezyklisiert worden. Aber die Lebenstätigkeit dieser Menschen, das ist die Ursache der Quellenarmut für den Historiker, ist voll in den Kreislauf eingegangen. Es herrscht also auch dort weitgehendes Gleichgewicht, mit den Ausnahmen der Rodung und Verkarstung großer Gebiete, etwa in Griechenland oder Nordafrika. Hier finden sich also schon Ausnahmen von dem in sich geschlossenen Gleichgewicht.

Dann sind wir also bei der modernen Gesellschaft angekommen. Wenn ich da nun den Begriff des Konsums weiterentwickle, habe ich den Joghurtbecher, in dem auch das Produkt ist, das ich zur Stillung meines Appetits, meines Hungers zu mir nehme und dann die gleichgroße Menge, die als Plastikabfall anfällt. Da habe ich dann den Transport, – das konnte man ja unlängst in allen Zeitungen nachlesen, die Transportaktivitäten, die heutzutage vorgenommen werden, um einen Joghurtbecher herzustellen: Von Spanien nach Holland und Österreich und wieder zurück, wobei erst die Teilprodukte montiert werden und schließlich das Endprodukt. Oder ich stelle mir die Batterie meiner Taschenlampe vor und ihr Ende, wenn ich sie in den Abfall werfe. Dann habe ich also das Cadmium und die anderen Metalle, die sich beim Auflösen auf der Deponie in eine giftige Brühe verwandeln. Etwas, was vorher fest in der Erde saß, als Erzader, verwandle ich also mit Säure und mit Ionisierung der Metalle in eine giftige Brühe.

Die Akkumulation von Abfall findet auch ohne Luxus statt, wie mir das zum Beispiel die Lebensweise in der Sowjetunion gezeigt hat. Wir haben hier also einen Verbrauch von Ressourcen, die nicht regenerierbar sind, wie etwa das Erdöl, die Energie, die in der Erde ist, oder auch das Metall, das wir aus der Erde holen. Und dann haben wir die Ablösung dieses Konsums vom natürlichen Bedürfnis, mit allen Folgen, die das mit sich bringt: Manipulation von Bedürfnissen, künstliche Herstellung von Bedürfnissen über das Bewußtsein, künstliches Angebot verbunden mit mentalem Zwang zum Konsumieren, und das Ganze wird zum Teil durch Wirtschaftskreisläufe, das ist nun die neu hinzukommende Form des Kreislaufs, erzwungen.

Wenn also keine Nachfrage herrscht, dann wird auch nicht produziert, es kommt zu einer Rezession usw. Der Konsum entartet also in Konsumismus oder hat zumindest die Tendenz zum Konsumismus um seiner selbst willen zu entarten oder um nicht mehr in den natürlichen Zusammenhang eingebetteter Zwecke willen.

Was ist es aber letztlich, was dem Wort Konsumismus einen so abfälligen Beigeschmack verleiht? Über die Tatsache, daß jemand sich überfrißt oder betrinkt, kann ich kein moralisches Urteil fällen. Aber ein solches Handeln gewinnt eine moralische Dimension in dem Moment, wo unser Konsum die Grundlagen unserer Lebenstätigkeit und Zukunft und die unserer Kinder und Enkelkinder angreift. Dann gewinnt Konsumismus eine moralische Dimension. Das erste Urteil zum Konsumismus der Gegenwart, zu dem, was die menschliche Gesellschaft jetzt betreibt, betrifft die immense Menge unseres Verbrauchs. Unser Energieverbrauch beträgt das fünfzig- bis hundert-, womöglich das hundertfünfzigfache dessen, was zur Stillung der natürlichen Bedürfnisse ausreichen könnte.

Unser Energieverbrauch in den Industriestaaten ist zehnmal so hoch pro Kopf wie der in den Entwicklungsländern. Das heißt also, den zehnfachen Vorsprung, den die Entwicklungsländer an Bevölkerungsgröße haben, den machen wir wieder wett durch zehnfaches, ja, man muß sagen, Verramschen von Ressourcen. Wir haben also einerseits eine Bevölkerung, die auf der Erde weiterhin exponentiell wächst, und andererseits die Akkumulation von Endprodukten, von denen wir nicht wissen, was wir mit ihnen anfangen sollen. Die Stichworte lauten also: Mülldeponie und Vernichtung von nicht regenerierbaren Ressourcen.

Die langfristige Folge, die Systemfolge so einer Lebensweise ist zunächst, in meiner Fachsprache ausgedrückt, eine Drift von Hintergrundparametern, ein langsames Akkumulieren von kritischen Parameterwerten, die auf die Möglichkeit eines explosiven Abbruchs hinauslaufen, der wir ins Auge sehen und die wir vermeiden müssen. Wenn das Ökosystem der Erde irgendwann einmal überstrapaziert wäre, würde es katastrophal zusammenbrechen.

Daß Zivilisationen an ihren Tugenden, an ihren Leistungen zugrundegehen können, wenn sie neuen Herausforderungen nicht mehr gewachsen sind, können wir an vielen Beispielen bei Arnold Joseph Toynbee nachlesen, und wir stehen vor dieser neuen Herausforderung, unsere Lebensweise, unsere Industrie, unsere Zukunft in den ökologisch stabilen Zusammenhang zurückzuintegrieren.

Was muß sich dazu ändern? Erstens, das ist klar, muß das Ausmaß an Konsum quantitativ reduziert werden. Das gilt nicht nur für den Energieverbrauch, das am häufigsten angeführte Beispiel, sondern natürlich auch für den Wasser- und sonstigen Ressourcenverbrauch. Zweitens, das ist ein globales Problem, muß erreicht werden, daß die Bevölkerung auf der Welt stationär bleibt bzw. einen stationären Zustand erreicht. Drittens muß sich unser ganzes Lebensniveau qualitativ ändern. Wir müssen zurückfinden zu rezyklisierbaren und ressourcenschonenden Produktionsmethoden. Weiche Technologien müssen entwickelt, harte Technologien mit irreversiblen Rückständen und Schäden usw. zurückgedrängt werden, und wir müssen nichtbelastende Konsumformen aufnehmen oder entwickeln.

Wie ist das erreichbar? Das ist natürlich zunächst ein wirtschaftspolitisches Problem, das will ich nicht anschneiden, da bin ich auch nicht Fachmann. Ich will nur die These äußern, daß das nicht mit Entmodernisierung oder Ökosozialismus zu erreichen sein wird. Ich habe ein Leben lang nicht Öko-, sondern Plansozialismus miterlebt, und ich weiß, daß noch jede Bevölkerung in der Lage war, eine Diktatur durch passiven Widerstand auszuhebeln, wie wir am Beispiel der Ostländer gesehen haben. Eine Ökodiktatur würde genauso unweigerlich am Widerstand der Bevölkerung bzw. der Population scheitern, wenn wir nicht die Bewußtseinsvoraussetzungen dafür schaffen, daß das akzeptiert wird.

Es kann also nicht um eine Entmodernisierung gehen, sondern darum, das Projekt der Modernisierung radikal weiterzuführen, allerdings nicht in linearer Form, immer weiter entlang der Exponentialfunktion, sondern in der rückgekoppelten und stabilisierten Form, die wir aus der Natur kennen. Die Natur muß in unser Wirtschaftssystem eingebaut werden, in unser Knappheitssystem. Ich halte das nicht nur für möglich und machbar, sondern ich bin optimistisch, daß das gelingt. Das zeigt das Beispiel des Kühlwassers: eine Fabrik wird ihr Kühlwasser in inneren Kreisläufen aus Brauchwasser wieder herstellen, wenn das Wasser aus der Leitung, das Frischwasser, zu teuer wird.

Ich habe keinen Zweifel daran, daß es, zwar mit Schwierigkeiten und langsam, aber grundsätzlich machbar ist, derartige Phänomene in die Prozesse einzubinden. Natürlich gibt es auch prinzipielle Widerstände gegen ein solches Projekt. Einer dieser Widerstände erklärt sich daraus, daß wir ein hyperkomplexes Großsystem geworden sind, also eine ganze Weltwirtschaft und ein Weltmarkt, so daß ein auf Deutschland beschränktes ökonomisch reformiertes Projekt zwar nicht notwendig scheitern, aber doch mit den Weltmarktbedingungen in Schwierigkeiten kommen würde, da es wegen der Kosten zunächst nicht konkurrenzfähig wäre.

Zum zweiten gibt es einen Zeitfaktor, der sehr gefährlich ist, denn der Umbau dieses ganzen Systems benötigt Zeit, wie alle Prozesse in Systemen. Diese Zeitkonstante berücksichtigen, heißt, wir müssen rechtzeitig anfangen, damit wir noch fertig werden, bevor es zum Knick, zum Zusammenbruch der Stabilität des Systems kommen kann.

Es gibt weitere Nebenwirkungen eines solchen Projekts, die ebenfalls Widerstand erzeugen, zum Beispiel, das wurde ja schon erwähnt, die Tatsache, daß ein ökologischer Umbau unserer ganzen Zivilisation daran scheitert, daß er Arbeitskräfte freisetzt. Man sieht das bei uns im Osten. Es gab dort diese ökologisch katastrophale Wirtschaft mit der Braunkohle und dem veralteten Chemiegürtel, der Erdalkalielektrolyse und den ganzen Schmutzchemikalien. Ohne daß man das publik gemacht hätte, war es in Halle schon soweit, daß die Lebenserwartung der dortigen Bevölkerung im Vergleich zu der der übrigen DDR um mehrere Jahre niedriger lag, so daß wir also dort vermutlich kurz vor der Kollapskrise standen.

Jetzt wird das abgestellt, und die Luft ist besser geworden. Man kann von Halle nach Leuna fahren, ohne gelbrauchende Schlote zu sehen, aber natürlich gibt es Widerstand sowie Enttäuschung und Frustration in der Bevölkerung, bei den Menschen, die nun in Espenhain nicht mehr an ihrer Kokerei arbeiten und ihr Geld verdienen können, und die mit ihrem Häuschen, sei es auch noch so bescheiden gewesen, und dem Trabanten ihren Lebensinhalt verloren haben. Das sind Nebenwirkungen, mit denen wir natürlich rechnen müssen und die wir nicht wegwischen können.

Der letzte Widerstand ist die Konsumentenideologie. Wenn Ökologie bzw. ökologische Umkehr im Konsumdenken als Freiheitsberaubung aufgefaßt werden wird, dann ist das ganze Projekt hoffnungslos zum Scheitern verurteilt. Was diesen Punkt betrifft, hält man mir immer entgegen, daß der Konsumtrend, in dem wir leben, ein weltweites Phänomen sei, das alle Gesellschaften erfaßt, auch die traditionellen, daß er auf anthropologischen Konstanten beruht, auf Urreflexen,und daß es sich auf unser biologisches Kostüm bezieht, auf den Hunger und die Instinkte, die wir haben.

Und des weiteren: daß wir seit Tausenden von Generationen darauf konditioniert sind, sowohl durch unser Erbkostüm wie durch unsere kulturelle Überlieferung, über alle Maßnahmen und Reflexe zu verfügen, um uns gegen Mangel, gegen Hunger, gegen Durst und gegen Kälte zu schützen, daß uns aber nichts biologisch vor dem Überdruß und vor dem Totfressen schützt. Derartiges ist in der Evolution einfach nicht abgefragt worden, so etwas gab es nicht. Und deshalb haben wir auch nicht die entsprechenden inneren Warnsignale.

Die daraus abgeleiteten Schlüsse lauten dann, es hat gar keinen Zweck, man kommt an das Bewußtsein der Menschen nicht heran, man kann ihnen das Auto nicht nehmen, das ist, wie wenn man dem Nomaden das Pferd wegnimmt, das ist Freiheitsberaubung. Diese Argumentation erinnert mich stark an unsere jahrzehntelangen Argumente zu Zeiten der DDR vor 1989. Sie haben die fatale Eigenschaft der self-fulfilling prophecy, – je länger man sie sich gegenseitig einredet, desto wahrer werden sie. Ich bin der Meinung, das stimmt nicht, es geht doch. Es gibt einen nichtdiktatorischen und nicht über Katastrophenkrisen führenden Weg, um aus diesem Konsumtretrad herauszukommen.

Dafür habe ich zwei Argumente. Das eine ist das Unbehagen, das die gesamte Gesellschaft genau an diesem Konsummodell, an dieser Lebensweise, erfaßt hat. Es wirkt wie eine Sucht, nicht mehr wie die Befriedigung eines natürlichen Hungers, sondern wie Entzugssucht. Wir fühlen uns unwohl in diesem Modell, das uns zu immer neuem Konsum und neuen Konsumvorbereitungen zwingt und in dem wir uns wie der Hamster in der Tretmühle bewegen.

Wir haben ja auch keinen Appetit mehr. Ich denke nur daran zurück, wie sich meine Kinder noch vor zwanzig Jahren über ein Matchboxauto aus dem Westen freuten, über diesen roten Doppeldeckerbus aus London, und dann denke ich daran, wie leicht kindliche Spielfreude übersättigt werden kann, indem man ständig neue und immer wieder neue Angebote macht. Der Appetitverlust ist ein Teil des weitverbreiteten Unbehagens am Konsum.

Oder auch der Rückstau: Man denke an die Absurdität des mobilen Menschen, der in den Urlaub fährt und als erstes, kurz hinter Brandenburg, für drei Stunden im Stau steht, die Quadrophonie anschaltet und sagt, Gott sei Dank, jetzt kann ich endlich mal Klassik hören, sonst komme ich ja nicht dazu. Und dann rückt er alle fünf Minuten ein paar Meter weiter. Diese Ersatzbefriedigung, dieser Ersatzgenuß, den man sich in diesem absurden Zustand verschafft, wird, wenn wir alle an der gleichen Stelle mobil sein wollen, durch einen Stau erzeugt.

Diese Übersättigung steht aber natürlich auch im scharfen Kontrast zu den Erfahrungen älterer Generationen. Meine Großmutter hat bis zu ihrem Tode von ihrer Hochzeitsreise nach Lissabon geredet. Sie und mein Großvater gehörten einer Generation an, die nur einmal im Leben eine Auslandsreise gemacht hat. Danach kam der Erste Weltkrieg, dann der Zweite Weltkrieg und dazwischen die Inflation und alles übrige. 1945 wurde mein Großvater abgeholt und endete dann kläglich in Sibirien. Meine Großmutter hat uns Kindern trotzdem das ganze Leben lang, bis in die sechziger Jahre hinein, mit leuchtenden Augen von dieser Schiffsreise erzählt. Das ist ja gar nicht mehr zu vergleichen mit der gegenwärtigen Vernichtung von Zeit und der Produktion von leeren Erinnerungen, diesem Überfluß an Ferienjetten, jedes Jahr zwei- oder dreimal.

Ein weiteres gravierendes Problem dieses Konsummodells ist der Zwangscharakter der qualitativen Zunahme. Man stelle sich nur vor, was passieren würde, wenn der Bundeskanzler verkünden würde: „Also, meine Damen und Herren, 1973, da waren wir alle zwanzig Jahre jünger, und da haben wir doch gut gelebt und waren jung und glücklich. Das Niveau von 1973 ist doch eigentlich eines, auf das wir zurückkehren könnten, und mit den Einsparungen, die sich aus dem ergeben, was wir in den zwanzig Jahren dazugelegt haben, können wir zum Beispiel neue, weiche Technologien finanzieren." Da würde doch eine Revolution ausbrechen aufgrund der Zwanghaftigkeit des Denkens, man müsse es immer ein bißchen besser haben, und wehe auch nur, es bleibt stabil.

Das Unbehagen am Konsum ist aber für mich dennoch das stärkste Argument dafür, daß er nicht ganz so fest in uns drinsteckt, und dafür, daß unser biologisches Kostüm nicht einseitig auf diese Form von Verbrauch ausgerichtet ist. Wir haben natürlich unsere Grundbedürfnisse und den Grundkonsum, den wir brauchen, aber man muß andererseits auch an Dinge denken wie die Malereien in den Höhlen von Lascaux und Altamira. Menschen haben unter schweren Lebensbedingungen diese Höhlenwände mit Bildern versehen, die uns heute noch, nach Zehntausenden von Jahren, zeigen, daß das Menschen waren, mit denen wir sofort ins Gespräch gekommen wären. Am Konzept, an der Schönheit des Ganzen, erkennen wir das, und auch, daß es hier nicht nur um Fressen, Jagen und Sammeln ging.

Das gleiche gilt für die Religion. Man denke nur an die religiösen Feste, unter Umständen mit einer Fastenperiode davor, oder an die herrlichen Theateraufführungen oder Tänze in Trance und ohne Trance, die bei den Naturvölkern zur Kultur gehören, Fälle also, in denen die Menschen nicht konsumieren. Und so gibt es viele Lebensformen und Konsumformen – die Musik, die alle Völker entwickelt haben, die kollektive Verzückung, die das griechische Theater bringt –, die nichts zu tun haben mit der Produktion von Restmüll und rezyklisierbaren Giften.

Aus diesen beiden Analysen ziehe ich den Schluß, daß eine Abkehr vom Konsumismus denkbar ist, wenn er als Befreiung erlebt wird. Und Beispiele dafür, daß dieses Verlassen der Tretmühle als Befreiung erlebt wird, finden wir in unserer Umgebung alle Tage. Meine eigene Tochter zieht aus der warmen Wohnung mit dem gefüllten Kühlschrank aus und zieht mit ihrer Studienkollegin in eine Eineinhalbzimmerwohnung mit Außenklo, wo sie selber heizen und auch in anderer Hinsicht Verzicht leisten muß.

Warum dieser Verzicht auf das Konsumniveau? Das wissen wir alle. Die jungen Leute wollen unter sich sein und wählen deshalb Lebensformen, die, wenigstens für ein paar Jahre, eine Abkehr vom Zwangskonsum bedeuten. Das ist also möglich, und gerade junge Menschen sind in der Lage, das zu realisieren. Man muß nur an den Hohen Meißner mit der Jugendbewegung denken oder an das Wartburgfest und das Hambacher Fest. Es gibt genügend historische Beispiele.

Was also global möglich ist, ist ein Kippeffekt im Bewußtsein. Dieser Kippeffekt im Bewußtsein muß dem Kippeffekt in der Population, also dem Ökozusammenbruch, der uns droht, zuvorkommen, und er muß als Befreiung aus dem Käfig empfunden werden. An dieser Stelle angelangt, wird man sagen, der ist naiv. Darauf sage ich als erstes, vor die Wahl gestellt zwischen zynisch und naiv, bin ich immer auf der Seite des Naiven. Ich bin überzeugt davon, daß unser Konsummodell sterblich ist, so wie das Konsummodell des Rokoko mit den gepuderten Perücken und dem Motto „Parfüm statt Seife“ sterblich war oder die höfische Lebensweise und das Sich-Überfressen der nobilitas im alten Rom.

„Die Idee muß zur materiellen Gewalt werden, indem sie die Massen ergreift“, das ist ein Marxzitat, das ironischerweise 1989 zur Wirklichkeit geworden und bestätigt worden ist, als die Idee der Überwindung des Marxismus zur materiellen Gewalt wurde und die Menschen dazu gebracht hat, dieses Experiment in friedlicher und kooperativer Form abzubrechen. Ich habe das Unmögliche erlebt, etwas, das jahrzehntelang, im Osten wie im Westen, für unmöglich gehalten wurde, nämlich, daß dieses Experiment beendet wurde ohne einen Weltkrieg, ohne Tausende von Todesopfern, ohne Gefängnisse und Lager, und daß eine herrschende Schicht ohne Blutvergießen abzutreten genötigt würde.

Ich habe das Unmögliche erlebt und mache mir heute – das ist ein Teil der Selbstanalyse meines Lebens – Vorwürfe, daß uns das nicht eher gelungen ist. Ich bin der Überzeugung, daß wir dasselbe fünf, zehn, fünfzehn oder gar noch mehr Jahre früher hätten vollbringen können, wenn wir wirklich zusammengehalten hätten, wenn wir die Lehren aus der Tschechoslowakei 1968 gezogen hätten und wenn wir zu den Polen der Solidarnosz gestanden hätten, anstatt uns immer einzeln besiegen zu lassen.

Das ist meine Überzeugung, und sie bringt mich auf die Zukunft. Auch jetzt ist es an der Zeit, nicht länger zu warten, sondern auf diesen Umschwung zuzugehen, diese Explosion im Bewußtsein, die wir 1989 erlebt haben, nämlich, daß auf einmal alles möglich war, was vorher unmöglich schien. Daß die Angst vergessen war und die eintrainierten Reflexe von 1953, vom 17. Juni, von Ungarn und vom Danziger Winter, daß alle diese Reflexe, die uns lähmten und uns Angst machten, plötzlich weg waren – und es ging!

Genauso denke ich, daß es irgendwann einmal zu einer solchen Öffnung kommen wird, zu einem Abnehmen des Schleiers, und daß wir dann die Zukunft und die Rettung unseres Planeten mit unseren Methoden und unseren Fähigkeiten als Befreiung erleben werden, und nicht durch Krisen hindurch müssen, in denen vielleicht Millionen von Menschen leiden und sterben müssen. Ich bin ein Optimist.

// Prof. Dr. Irenäus Eibl-Eibesfeldt
Max-Planck-Gesellschaft;
Andechs

Woher kommen wir? Was sind wir? Wohin gehen wir? Diese Fragen sind heute so aktuell wie vor hundert Jahren, als Paul Gauguin sie auf eines seiner berühmtesten Gemälde schrieb, das Menschen in verschiedenen Lebensaltern bei verschiedenen Tätigkeiten in der tropischen Landschaft Tahitis darstellt. Über unseren Werdegang wissen wir mittlerweile ganz gut Bescheid. Wie wir uns dagegen definieren, das wechselt stark nach Weltanschauung, und die Frage, wohin wir gehen, erfüllt uns mit Sorge. Optimistische Zielvorstellungen wechseln mit Horrorszenarien einer in Chaos und Gewalttätigkeit untergehenden Menschheit, die ihr Bevölkerungswachstum nicht unter Kontrolle brachte. Auch die Zukunftsbilder, die uns Aldous Leonhard Huxley in der „schönen neuen Welt" und George Orwell in „1984" entwerfen, sind ebenfalls eher Schrekkensvisionen. Als Biologe glaube ich an eine lebenswerte Zukunft. Sie wird uns allerdings nicht in den Schoß fallen.

Worauf begründet sich mein Optimismus? Zunächst auf der Tatsache, daß wir uns Ziele setzen können. Das kann kein anderer Organismus auf diesem Planeten. Daß wir bei der Zielsetzung und vor allem bei der Setzung der Zwischenziele auch irren können, muß nicht zur Katastrophe führen, da wir dank unserer Fähigkeit zur Einsicht Fehler auch rechtzeitig korrigieren können, d.h. bevor eine Katastrophe eintritt. Voraussetzung ist allerdings das Wissen um uns selbst.

An Versuchen, uns zu definieren, mangelt es nicht. Als „Sapiens", den Weisen, ordnet uns die Zoologie seit Carl von Linné ein. Von einem „nackten Affen" lesen wir bei Desmond Morris. Arnold Gehlen sprach vom „weltoffenen Neugierwesen", aber auch vom „Mängelwesen" und dem „riskierten Wesen". Letzteres trifft in gewisser Hinsicht zu, und neugierig sind wir Menschen allemal. Wie weltoffen wir sind, das wird sich noch herausstellen.

Ganz sicher allerdings sind wir keine Mängelwesen, sondern eher ein „Volltreffer der Evolution" (Hubert Markl). Wir beherrschen die uns umgebende Natur, und unser Erfolg ist es, der uns durch die Übervölkerung Probleme schafft. Wir verdanken dies der Tatsache, daß wir Generalisten sind. Selbst in einem sportlichen Wettkampf würden wir es mit jeder Tierart aufnehmen, wenn wir die Aufgabe stellen, 100 m zu sprinten, anschließend mit einem Kopfsprung in ein Gewässer einzutauchen, drei Objekte aus 4 m Tiefe gezielt heraufzuholen, dann 100 m zu schwimmen, am anderen Ufer eine Liane zu ergreifen, 5 m hochzuklettern und anschließend 10 km zu marschieren. Einzelne Tiere mögen in der einen oder anderen Leistung besser sein, aber alle sind eher einseitige Spezialisten. Darüber hinaus haben wir durch den aufrechten Gang die Hände frei für die Herstellung und den Gebrauch von Werkzeugen, wir sind vortrefflich mit Sinnesorganen ausgerüstet und haben schließlich ein hochentwickeltes Gehirn, das uns zu höchsten Intelligenzleistungen, zum Sprechen und damit auch zu einer raschen kulturellen Evolution befähigt. Wir sind in diesem Sinne gewiß Kulturwesen von Natur.

Wir sind darüber hinaus mit uns angeborenen Verhaltensdispositionen begabt. Sie bestimmen unser Wahrnehmen, Denken und Handeln in ganz entscheidender Weise, und obwohl gerade in diesen uns angeborenen stammesgeschichtlichen Vorgaben viel Positives steckt, das uns erst zu empfindenden Menschen macht – man denke nur an unsere Fähigkeit zu Liebe und Mitempfindung –, neigen viele Menschen dazu, das Angeborene in uns als unbedeutend einzuschätzen. Außer einigen Reflexen des Neugeborenen, so meinen sie, sei dem Menschen nichts angeboren. Er käme im wesentlichen wohl als unbeschriebenes Blatt zur Welt und würde erst durch seine Umwelt geformt.

Nun zweifelt kein Biologe daran, daß wir Menschen viel lernen, aber bereits kurzes Nachdenken lehrt auch, daß wir manches, was unser Leben entscheidend beeinflußt, gar nicht lernen könnten. Unsere Gefühlsregungen erleben wir nur an uns selbst. Wie einer Liebe, Haß, Eifersucht, Angst oder Trauer erlebt, das kann er keinem anderen Menschen mitteilen. Das Objekt der Liebe oder des Hasses oder Situationen, in denen man Gefühle zeigen darf oder nicht, das kann kulturell über Erziehung bestimmt werden. Jeder Mensch geht aber im Grunde von der Annahme aus, daß seine Mitmenschen wie er empfinden und diese Empfindungen auch grundsätzlich in gleicher Weise ausdrücken, und diese „Hypothese“ „funktioniert“. Wäre es nicht so, wir könnten uns gar nicht verständigen. Ebensowenig, wie man Gefühlsregungen mitteilen kann, kann man Sinnesempfindungen wie süß, sauer, salzig vermitteln oder einem beibringen, bestimmte Farbqualitäten zu sehen. Auch hier gehen wir von der Annahme aus, daß alle Menschen gleich empfinden, und erst, wenn wir auf einen treffen, der rot-und-grün-blind ist, merken wir, daß gelegentlich Menschen in einer anderen Welt leben, die uns gar nicht zugänglich ist.

Vom Angeborenen wollen nun jene Ideologen nichts wissen, die den Menschen gern als Wachs in ihren Händen sehen, um ihn ihren Vorstellungen gemäß erzieherisch zu formen. Das hat in unserem Jahrhundert zu äußerst repressiven Experimenten geführt. Wir haben eben das Scheitern der großen Sozialutopie des Kommunismus erlebt.

Es scheiterte, weil das Angeborene im menschlichen Verhalten nicht in Rechnung gestellt wurde. Die Bereitschaft, daraus zu lernen, scheint allerdings gering, wie z.B. die gegenwärtige Diskussion um den Aufbau einer multikulturellen Immigrationsgesellschaft lehrt. Selbst jetzt, da lange vorausgesagte Konflikte aufbrechen, sind nur wenige bereit, Phänomene wie die der ethnischen Vielfalt zu hinterfragen. Mit Betroffenheitstheatralik und dem Ruf nach der Polizei bemüht man sich, am Phänomen herumzukurieren. Dabei ist aus Kenntnis der menschlichen Natur ein friedliches Miteinander der Völker dieser Erde durchaus möglich, nur muß ich dazu auch die ihm angeborenen Verhaltensdispositionen in Rechnung stellen, denn manche von diesen können unerkannt zu Stolperstricken werden. Jene stammesgeschichtlichen Anpassungen, die unser Verhalten mitbestimmen, entwickelten sich nämlich in jener langen Zeit, in der unsere Ahnen als altsteinzeitliche Jäger und Sammler lebten, eine Zeit, die etwa 98 Prozent unserer menschlichen Geschichte ausmacht. In diesem Zeitraum von etwa 500.000 Jahren, in Generationen gerechnet etwa 20.000

Generationen, lebten unsere Ahnen in Kleingruppen, in denen jeder jeden kannte, mit einer sehr einfachen Technologie. Vor 600 Generationen begannen sie, an verschiedenen Orten der Erde Pflanzen zu kultivieren und Tiere zu züchten, aber erst vor wenigen 1000 Jahren entwickelten sich auch größere Städte, und noch um Christi Geburt waren 2/3 der Erdoberfläche von Jäger- und Sammlervölkern bewohnt. In den letzten 20 Generationen, von der Entdeckung Amerikas bis zum heutigen Tag, schufen wir Menschen uns mit der Zivilisation der Großstadt und der anonymen Millionengesellschaft eine Umwelt, für die wir eigentlich nicht geschaffen sind, denn biologisch haben wir uns in den letzten 10.000 Jahren nicht geändert. D.h., daß Menschen mit steinzeitlicher Emotionalität auf den Autobahnen ihre privaten Wettrennen absolvieren und Präsidenten mit ähnlich archaischer Affektgebundenheit Supermächte leiten. Uns bleibt nur die Möglichkeit, uns kulturell an diese Situation anzupassen, und das wird uns auch gelingen, wenn wir unsere prosozialen freundlichen Anlagen voll nützen und uns unserer Problemanlagen bewußt werden. Einige der letzteren möchte ich kurz skizzenhaft aufzeigen.

Vergegenwärtigen wir uns dazu zunächst einmal den gewaltigen Unterschied zwischen traditioneller (altsteinzeitlicher) und moderner Lebensweise. Der Mensch in traditionellen Gesellschaften lebt naturnah in aus mehreren Familien zusammengesetzten Kleingruppen, in denen jeder jeden kannte und in der jede Familie wirtschaftlich weitgehend von anderen unabhängig lebte. Jede Familie konnte ihren Lebensunterhalt selbst beschaffen, Haushaltsgeräte, Waffen und Bekleidung selbst herstellen und sich selbst ihre Hütte bauen. Ein Jäger und Sammler konnte nie arbeitslos werden. Da man einander gut kannte, herrschte ferner eine Beziehung des Vertrauens, das Verhalten des einzelnen war für jedermann relativ gut voraussagbar.

Eine weitere Belastung erwächst uns aus der städtischen Umwelt, in der künstliche Strukturen aus Beton und Asphalt vorherrschen. Wir vermissen die Naturnähe, wie unsere Wochenendflucht ins Grüne ebenso belegt wie die Emsigkeit, mit der wir Ersatznatur in Form von Farnen, Gummibäumen und anderem Grün in unseren Wohnungen kultivieren. Diese „Phytophilie“ ist wohl ein Hinweis auf eine alte Umweltprägung, die das für unser Leben günstige Biotop kennzeichnet.

Der moderne Städter vermißt ferner manch körperliche und affektive Herausforderung. Der Mensch in der Altsteinzeit mußte sich einer Vielzahl von Gefahren stellen. Raubtiere und Feinde bedrohten das Leben. Aber an Herausforderungen dieser Art paßten wir Menschen uns in einer langen Stammesgeschichte an, und zwar so weit, daß die Herausforderung für uns Bedürfnis wurde. Wir leben es heute in zahlreichen Ersatzhandlungen aus, wir stürzen uns mit Hanggleitern in Abgründe, nageln uns Felswände hoch, tauchen an exponierten Klippen – kurz, suchen das Abenteuer. Die Belastungen der Neuzeit dagegen treffen uns unvorbereitet: Büroarbeit, Leistungsstress, Verkehrslärm, Gedränge, Luftverschmutzung und eine zubetonierte Welt – daran müssen wir uns erst gewöhnen, wobei offen ist, wie weit die Gewöhnung gehen kann. Wahrscheinlich werden wir auch bei der Gestaltung des städtischen Wohnumfeldes in der Arbeitswelt den Bedürfnissen des Menschen entgegenkommen müssen. Dazu haben wir bereits im Rahmen der stadtethnologischen Forschung Leitlinien erarbeitet.

Gravierende Unterschiede zwischen gestern und heute betreffen das zwischenmenschliche Zusammenleben: In der traditionellen Kleingruppe leben Menschen, die einander gut kennen, und das schafft Vertrauen und vermittelt Sicherheit. Gegen Menschen anderer Gruppen, die man nicht gut kennt, grenzt man sich zunächst ab, man begegnet ihnen mit einem gewissen Mißtrauen, unter anderem auch, weil ihr Verhalten nicht leicht vorausschaubar ist. Über Bekanntwerden läßt sich dieses Mißtrauen abbauen. Wir Menschen können ferner auf der Gruppenbasis Bündnisse auf Gegenseitigkeit eingehen. Handel verbindet bekanntlich.

Über die längste Zeit der Geschichte lebten wir Menschen in solchen Kleinverbänden, die sich abgrenzten und die oft in kriegerischer Konkurrenz um begrenzte Ressourcen stritten. Das hat die kulturelle Evolution des Menschen rasch vorangetrieben. Ihr verdanken wir die Vielzahl der Völker, die allerdings heute rasch dahinschwindet. Immerhin wurden auf Neuguinea noch bis vor kurzem an die tausend verschiedene Sprachen gesprochen.

Die Neigung zur Abgrenzung nach dem Muster „Wir und die anderen“ ist uns Menschen angeboren. Die erste Manifestation dieser Disposition beobachten wir beim Säugling, der sich im Alter von sechs bis acht Monaten vor fremden Personen zu fürchten beginnt. Während er sich bis dahin jeder Person eher freundlich zuwandte, beginnt er in diesem Alter, zwischen ihm bekannten und fremden Personen zu unterscheiden. Fremde Personen lösen nunmehr eine Mischung von freundlichen Zuwendungsreaktionen und angstmotivierter Abkehr aus. Im typischen Fall lächelt der Säugling den Fremden an und birgt dann scheu sein Gesicht an der Mutter, um sich dann wieder dem Fremden kontaktbereit zuzuwenden. Der fremde Mitmensch löst also sowohl Verhaltensweisen der Kontaktbereitschaft als auch Verhaltensweisen der Flucht aus, die in Abwehr übergehen, wenn die dem Säugling unbekannte Person sich in freundlicher Absicht ohne Rücksichtnahme auf die kindliche Scheu um einen engeren Kontakt bemüht. Jeder Mensch löst im Grunde diese zwiespältigen Reaktionen aus. Wir sind allerdings so konstruiert, daß persönliche Bekanntheit die angstauslösende Wirkung der zwischenmenschlichen Signale stark abschwächt, so daß sich das Verhalten auf einer gleitenden Skala in Richtung Vertrauen verschiebt.

Wir beobachten die Fremdenscheu des Kindes in allen Kulturen, die man daraufhin untersuchte, und sie entwickelt sich, ohne daß es dazu schlechter Erfahrungen mit Fremden bedarf. Es handelt sich wohl um eine uns angeborene Verhaltensdisposition, deren Aufgabe es ist, die Eltern-Kind-Bindung zu festigen und die Familie zunächst gegen andere abzugrenzen. Für ein Wesen, das eine lange Betreuung erfordert, ist dies überlebenswichtig. Wir Menschen können über Bekanntheit auch zu anderen Mitmenschen familiale Bindung stiften und so individualisierte Wir-Gruppen bilden, die sich gegen andere als Solidargemeinschaften abgrenzen. Bedingt durch die Konkurrenz zwischen den verschiedenen Gruppen wuchsen die Verbände im Laufe der Geschichte zu Stammes- und Volksverbänden, deren Mitglieder nicht mehr über persönliche Bekanntheit verbunden sind. Das familiale Kleingruppenethos wird in diesem Fall auf die Großgruppe übertragen. Naturvölker berufen sich in ihrer Mythologie auf gemeinsame Ahnen, und das tun auch die Vertreter moderner Nationen, wie es das Wort ja ausdrückt. Und in der Tat sind es einander genetisch Näherstehende, die in einer natürlich gewachsenen Nation zu einer größeren Solidargemeinschaft vereinigt sind. Die Angehörigen einer solchen Gruppe betrachten einander als Brüder und Schwestern, sie sprechen vom Mutterland oder Vaterland und bekräftigen ihre Gemeinsamkeit durch Sprache, Brauchtum und Tracht, die Ähnlichkeit betonen.

Allerdings sind die Mitglieder einer solchen anonymen Solidargemeinschaft, die oft vor allem über gemeinsame Symbole der Identifikation gebunden werden, nie so vertrauensvoll gebunden wie in der individualisierten Kleingesellschaft. Damit besteht auch die Bereitschaft, Schwächen anderer mit weniger Bedenken auszunützen, um Dominanzbeziehungen über die Anwendung der Ellbogen – also mit Hilfe von mehr oder weniger subtilen Methoden der Gewaltanwendung – herzustellen. In einer Gruppe einander bekannter Menschen sind dagegen freundlich-prosoziale Eigenschaften entscheidend für die Bewertung einer Person. Wir sind mit anderen Worten mit einer familialen Kleingruppenethik begabt, die für die Großgruppe nicht ganz ausreicht. Wir sind für sie nicht gut genug. Es bedarf daher einer dauernden erzieherischen Bekräftigung des Gemeingefühls, um die größere Solidargemeinschaft einer Nation zusammenzuhalten. Im Zuge der berechtigten Kritik überheblicher Nationalismen hat man es vielerorts versäumt, zu einer kritischen Liebe zur eigenen Nation (Volk, Ethnie) zu erziehen. Das macht sich heute in einer gewissen Orientierungslosigkeit der Jugend bemerkbar, die sich gelegentlich in kollektiv-aggressiver Identitätssuche äußert.

Der Mensch hat ein starkes Bedürfnis, in eine Hierarchie von Solidargemeinschaften eingebunden zu sein, die sich von der Familie über die Kleingruppe zur größeren Gemeinschaft aufbaut, und zwar in der geschilderten hierarchischen Folge. In der Familie erwirbt er das Vertrauen und trainiert die prosozialen Anlagen, die in der Kleingruppe weiter gefördert werden, so daß Menschen die Sicherheit gewinnen, die es ihnen erlaubt, auch den Mitmenschen größerer Solidargemeinschaften mit Vertrauen zu begegnen.

Auch die großen Solidargemeinschaften der Ethnien grenzen sich gegenüber anderen ab, im Bemühen, ihre eigene Identität und ihr Land als Subsistenzbasis zu bewahren, und damit ihr Überleben als Ethnie kulturell und biologisch durch das Überleben in eigenen Nachkommen abzusichern. Die der Abgrenzung dienende Fremdenscheu oder Xenophobie ist keineswegs ein kultureller Neuerwerb, es handelt sich um ein biologisches Merkmal des Menschen. Das darf allerdings nicht zur Aussage vereinfacht werden, der Fremdenhaß sei uns angeboren. Zu Fremdenhaß wird erzogen. Aufgrund unseres Mißtrauens Fremden gegenüber besteht allerdings eine starke Bereitschaft, negativen Erfahrungen mit Fremden größeres Gewicht beizumessen als positiven. Der Abgrenzung verdanken wir die Vielfalt der Kulturen.

In der Diskussion um den Aufbau einer multikulturellen Immigrationsgesellschaft stellen die Befürworter die Xenophobie des Menschen ebensowenig in Rechnung wie seine Territorialität. Beides wurde in der Bedeutung herabgespielt, als würde es sich nur um schlechte Gewohnheiten handeln, die durch Erziehung leicht zu beseitigen wären. Warnende Stimmen wurden nicht gehört, oft wurden die Warner als Ausländerfeinde oder Rassisten diffamiert. Mittlerweile haben wir bereits in Deutschland sich abgrenzende Minoritäten und die ersten Konflikte brechen aus. Um das zu verstehen, wollen wir zunächst das Phänomen der Ethnizität hinterfragen.

Vielfalt ist die Strategie, mit der das Leben seinen Fortbestand auf diesem Planeten absichert. Das geschieht bei Pflanzen und Tieren über die Vielzahl der Arten und Unterarten und beim Menschen über die Vielfalt der Kulturen. Hier wie dort erproben Varianten unterschiedliche Lebensweisen. Menschen setzen sich überdies über Ideologien unterschiedliche Ziele. Auf diese Weise verästelt sich der Lebensstrom, tastet sich in verschiedene ökologische Nischen vor und sichert sich so gegen Katastrophen ab. Wir wissen aus der Erdgeschichte, daß kosmische Katastrophen bis zu 80 Prozent der in früheren Erdzeitaltern lebenden Arten ausrotteten. Dennoch ging das Leben weiter und erblühte zu neuer Vielfalt. Diese Vielfalt entwickelt sich natürlich nicht, um sich sogleich wieder aufzulösen, und wir sprachen ja bereits von den Mechanismen der Abgrenzung, die beim Menschen ethnische Identität absichern. Beim Menschen ist Kultur Schrittmacher der Evolution, sie zieht die biologische Evolution nach. Bereits im Tierreich sind Verhaltensänderungen häufig Schrittmacher der

Evolution. Vögel entwickeln Dialekte und grenzen sich damit von anderen Populationen ab.

Wir Menschen reagieren mit Abwehr, wenn wir unsere Identität bedroht meinen, und diese Situation tritt ein, wenn Menschen sich in großer Zahl in einem bereits dicht besiedelten Gebiet niederlassen, ohne die Kultur und Lebensart der Ortsansässigen anzunehmen. Dann werden sie von diesen als um die gleichen Ressourcen konkurrierende Eindringlinge wahrgenommen, was nicht ganz unbegründet ist, denn die als eigene Solidargemeinschaft auftretenden Einwanderer vertreten verständlicherweise ihr Eigeninteresse, so wie das die Ortsansässigen tun. Unterscheiden sich die Einwanderer überdies durch eine höhere Fortpflanzungsrate von der autochthonen Bevölkerung, dann verschärft das die Problematik und die daraus erwachsenden Gegensätze. Unterschiedliche Fortpflanzungsraten können einen Bevölkerungswandel herbeiführen. Dafür gibt es genügend Beispiele aus der Geschichte.

Jede Immigrationspolitik sollte daher darauf bedacht sein, den Aufbau einer gemischten multiethnischen Gesellschaft in einem ursprünglichen Nationalstaat zu vermeiden. Immigranten, die sich auf Dauer niederlassen wollen, sollten sich mit dem Erwerb der Staatsbürgerschaft verpflichten, sich voll der neuen Solidargemeinschaft des Landes ihrer Wahl anzuschließen. Die Verleihung einer doppelten Staatsbürgerschaft dürfte diesen Prozeß eher behindern.

Eine solche Eingliederung macht, wie die Geschichte lehrt, Europäern in Europa im allgemeinen keinerlei Schwierigkeiten. Anthropologisch handelt es sich bei den Europäern heute um eine Mischpopulation nahverwandter Lokalrassen, die überdies auch kulturell durch eine lange gemeinsame Geschichte verbunden sind. Die europäische Binnenwanderung mag zu gewissen Zeiten wirtschaftliche Probleme schaffen, aber da die Immigranten sich in zwei, drei Generationen der Kultur des Einwanderungslandes angleichen und damit zu deren Mitträgern werden, entstehen keine größeren Probleme. Problematisch wird es allerdings, wenn kulturell und im physischen Erscheinungsbild stark abweichende Einwanderer in großer Zahl in ein bereits besetztes Gebiet zuziehen. Die Spannungen etwa zwischen der französischen Bevölkerung und den eingewanderten nordafrikanischen Moslems sind ja allgemein bekannt.

Friedliche Koexistenz zwischen Völkern ist durchaus möglich, wenn jede Gruppe über ihr eigenes Territorium, sprich Land, verfügt und dort ohne Furcht vor Dominanz durch Nachbarn in voller Souveränität seine eigenen Angelegenheiten regeln kann. Daß dies sogar innerhalb eines Staates möglich ist, zeigt das Beispiel der Schweiz. Wir Menschen sind dann sogar ausgesprochen freundlich am Nachbarn und dessen kulturellen Eigenarten interessiert, bereit, kulturelle Vielfalt als Wert anzuerkennen. Sind Menschen nicht durch Angst und Sorge um ihre eigene Existenz verunsichert, dann erweisen sie sich auch Vertretern anderer Kulturen gegenüber als aufgeschlossen. Sie schätzen das Anderssein als Bereicherung.

Bauen sich aber um knappe Ressourcen konkurrierende Solidargemeinschaften in einem bereits besiedelten Gebiet auf, dann kommt es früher oder später zu Konflikten, vor allem in wirtschaftlich schwierigen Zeiten.

Grundsätzlich muß bei der Diskussion der Immigrationsproblematik auch die Tragekapazität eines Landes in Rechnung gestellt werden. Eine neuere Untersuchung über die Schweiz ergab, daß in der Schweiz etwa eine Million Menschen leben könnten, wenn sie sich energetisch aus dem eigenen Land versorgen müßten und dabei den bisherigen Lebensstandard erhalten wollten. Sicher könnte man die Zahl verdoppeln oder vielleicht sogar verdreifachen, wenn man sich einschränken und energiesparende Techniken einsetzen würde. Aber daß die Tragekapazität nicht unbegrenzt ist, dürfte klar sein. Für die USA errechnet sich eine Tragekapazität von rund 100 Millionen, also auch hier bereits eine Überschreitung der Tragekapazität um mehr als das Doppelte. Dabei kommen auf den Quadratkilometer nur 27 Einwohner im Vergleich zu Deutschland, das mit 223 Einwohnern pro km^2 wohl als überbevölkert angesehen werden muß. Das wird ja auch klar aus der Verschmutzung und Vergiftung der Umwelt einschließlich des Grundwassers sichtbar. Unsere Landschaft ist zersiedelt, vergiftet und zubetoniert. Ein allmähliches Gesundschrumpfen würde uns weniger krisenanfällig machen. Europa könnte auch mit einer um 1/3 reduzierten Bevölkerung einen hohen industriellen und kulturellen Standard halten.

In der Diskussion werden die ökologischen Probleme oft verschwiegen oder verharmlost. Die Befürworter der Immigration operieren mit wirtschaftlichen, demokratischen und humanitären Argumenten. So heißt es, wir würden Immigranten brauchen, da gewisse Arbeiten nicht mehr von unseren Leuten angenommen würden. Was verschwiegen wird, ist, daß man bei besserer Bezahlung und besseren Arbeitsbedingungen die nötigen Arbeitnehmer auch aus unserer Bevölkerung rekrutieren könnte. Auf diesem Prinzip des Angebots und der Nachfrage basiert unser sozialer Fortschritt und Wohlstand – ein Prinzip, das wir durch den Import von Niedriglohnarbeitern ausschalten, auf die Dauer sehr zu unserem Nachteil, und zwar sowohl zum Nachteil der Wirtschaft als auch des Staates.

In wirtschaftlich schwierigen Situationen unterbieten eingewanderte Niedriglohnarbeiter die ansässigen Arbeitnehmer der niedrigen Einkommensstufen. Das schafft soziale Probleme, ja, man muß sogar mit Unruhen rechnen, denn der zwischenethnische Abstand hemmt Menschen weniger, sich rücksichtslos-kämpferisch auseinanderzusetzen.

Das demographische Argument lautet: Wir bekommen zu wenig Kinder, um den gegenwärtigen Bevölkerungsstand zu halten. Daher brauchen wir Einwanderer, um den Bevölkerungsschwund auszugleichen. Man hört im Zusammenhang mit dem wirtschaftlichen Argument oft auch, daß ohne die Immigranten unsere Renten gefährdet wären. Behauptungen dieser Art sind rein aus der Luft gegriffen! Untersuchungen zu diesem Thema belegen, daß durch die weitere Entwicklung der Produktionstechniken weiterhin Arbeitskräfte freigesetzt werden, so daß wir mit einem hohen Prozentsatz chronisch Arbeitsloser rechnen müssen. Es trägt sicher nicht zur Beruhigung einer gespannten Atmosphäre um die Diskussion des Immigrationsproblems bei, wenn Politiker lautstark kundgeben, im Jahr 2000 würden wir pro Jahr 300.000 Immigranten brauchen und die könnten wir ja aus Nordafrika beziehen, das einen Bevölkerungsüberschuß habe. Hier spielt auch das demographische Argument eine Rolle. Eine Reihe von Befürwortern weiterer Immigration meint, wir würden zu wenig Kinder bekommen und müßten daher den Bevölkerungsschwund durch Immigranten ausgleichen.

Aus unseren Ausführungen zur ökologischen Belastung wird klar, daß wir das demographische Argument nicht akzeptieren. Da die Tragekapazität der europäischen Länder voll ausgeschöpft, ja durch die Abhängigkeit vom Import fossiler Energieträger auf riskante Weise überschritten ist, wäre ein Gesundschrumpfen durchaus zu begrüßen. Auch mit weniger Menschen kann Europa einen hohen Standard der technischen Zivilisation halten, ja die Lebensqualität würde sich verbessern und wir wären sicher weniger risikobelastet.

Überdies ist zu erwarten, daß der Schrumpfungsprozeß nach einiger Zeit zu einem Stillstand kommt. Er kann durch Maßnahmen der Familienförderung gesteuert werden.

Man kann auch nicht vernünftigerweise den Standpunkt vertreten, man müsse, um den Bevölkerungsstand über Immigration zu erhalten, auch einen allmählichen Bevölkerungsaustausch in Kauf nehmen. Das würde ja den Ersatz der eigenen Bevölkerung durch eine andere bedeuten, und wer einigermaßen bei Sinnen ist, kann ja nicht seine eigene Verdrängung befürworten.

Wieso eigentlich nicht? höre ich gelegentlich, wenn ich das sage. Was ist denn an uns so Besonderes? Ich pflege darauf zu antworten, daß an uns zweifellos nichts Besonderes oder nicht mehr Besonderes oder weniger Besonderes als an irgendeinem anderen Volk sei. Es gibt kein Interesse der Natur an irgendeinem Volk, ja, nicht einmal an der Menschheit oder irgendeiner anderen Art Lebewesen. Allerdings sind alle Organismen so programmiert, daß sie ihren Fortbestand sichern. Der Tatsache verdanken sie letzten Endes, daß sie sich in einer ununterbrochenen Vorfahrenkette, die über 3 Milliarden Jahre zurückreicht, bis auf den heutigen Tag erhielten. Individuen wie Ethnien haben ein Recht auf Weiterleben, was auch in den Statuten der Vereinten Nationen festgeschrieben ist. Sie sind daher durchaus berechtigt, ihre Eigeninteressen zu vertreten.

Das steht nicht im Widerspruch zur moralischen Verpflichtung, anderen zu helfen, aber Hilfe darf nicht zur schweren Selbstschädigung führen.

Viele Befürworter der Immigration stellen humanitäre Gesichtspunkte in den Vordergrund. In einer Welt, in der so viele Menschen am Rande des Verhungerns leben, seien die Reichen verpflichtet zu helfen. Man müsse daher auch die sogenannten Wirtschaftsflüchtlinge aus Notstandsgebieten der Dritten Welt aufnehmen.

Dem steht entgegen, daß man auf solche Weise gar nicht helfen kann. Das ungelöste Problem bleibt die unkontrollierte Vermehrung der Bevölkerung in manchen Erdgebieten, als deren Folge die Länder der Dritten Welt zunehmend verarmen. Im letzten Bericht des Club of Rome weisen die Autoren unter anderem darauf hin, daß Indien heute ein reiches Land sein könnte, wenn sich dort die Bevölkerung in ihrem reproduktiven Verhalten ähnlich wie Europa verhalten hätte, da das Land mit Ressourcen gesegnet sei. 1945 lebten dort etwa 320 Millionen Einwohner. Heute sind es über 870 Millionen. Eine ähnlich explosive Vermehrung der Bevölkerung beobachten wir in vielen Ländern Afrikas. Das Problem kann nur selbstverantwortlich von den betroffenen Ländern gelöst werden. Wir könnten aus Indien 200 Millionen Menschen nach Europa einwandern lassen und -zig Millionen aus Afrika dazu, ohne daß sich dort etwas ändern würde. Wir würden nur das Problem importieren. Mit einem jährlichen Zuwachs der Bevölkerung von über 3 Prozent in Afrika, Indien und vielen anderen Gebieten der Zweiten und Dritten Welt steuern wir auf eine Katastrophe zu, bei der den technisch zivilisierten Ländern zuletzt nur noch die Abschottung als letzter Ausweg bleibt. Vielleicht kann man den Ländern durch eine großzügige Förderung der Ausbildung von Managern, Lehrern, Politikern und Facharbeitern der verschiedensten Sparten helfen. Das hätte man jedoch vor 30 Jahren zum Schwerpunktprogramm erheben sollen.

Oft hört man in diesem Zusammenhang, wir, die Reichen, wären verpflichtet zu helfen. Soviel ich weiß, leben selbst im „reichen" Deutschland sehr viele Menschen nahe der Armutsgrenze und viele sogar darunter, die Zahl der Arbeitslosen ist sehr hoch und selbst normal Verdienende können sich in größeren Städten wie München keine Wohnung leisten, die es einem jungen Ehepaar ermöglichen würde, zwei Kinder menschenwürdig aufzuziehen. Die Floskel „wir Reichen“ verrät nur, wie basisfern einige Politiker argumentieren. Bisher haben „wir, die Reichen“ in Mitteleuropa nicht einmal die Wiedervereinigung finanziell verkraftet, und der gesamte Reichtum der Industriestaaten der nördlichen Halbkugel würde nicht ausreichen, die Länder der Dritten Welt zu sanieren.

Man geht bei allen internationalen Vereinbarungen davon aus, daß die Staaten souverän und selbstverantwortlich ihre Affären zu regeln haben und daß ihnen dabei keiner etwas hineinzureden hat. Zur Selbstverantwortung gehört auch die Kontrolle des eigenen Bevölkerungswachstums in Übereinstimmung mit den dem Land zur Verfügung stehenden Ressourcen. Zur Sicherung seiner Zukunft ist jeder selbst aufgerufen. Das soll durchaus in Kooperation mit anderen geschehen, denn es gibt globale Interessen. Nur setzt dies Absprachen auf Gegenseitigkeit voraus. Gelegentlich hört man die Floskel „Wir sitzen ja alle in einem Boot“. Das stimmt nicht ganz. Wir besegeln das gleiche stürmische Meer, aber zum Glück noch auf vielen Booten. Wir haben damit auch die Hoffnung, daß nicht alle an den gleichen Klippen scheitern. Das Geschick der Besatzung und ihrer Kapitäne entscheidet darüber, wer sein Ziel sicher erreicht.

Podiums- und Plenums-Diskussion (Auszüge)

Dr. Gerhard Schwarz

Ich sehe vor allem zwei kontrastierende Angebote auf die Frage, was uns Halt geben könnte. Auf der einen Seite die Bescheidenheit, die Askese, den Konsumverzicht, und auf eine gewisse Art und Weise auch die Rückkehr zur Natur. Auf der anderen Seite das Bewußtsein der menschlichen Geschichte, die Abgrenzung, die Identität der kleinen Gruppe oder der Nation. Ich würde vermuten, daß es da Gegensätze gibt, daß das nicht so ohne weiteres kombinierbar ist. Vor allem schien mir bei Herrn Prof. Reich auch ein gewisser Eurozentrismus vorhanden, der mich auch schon bei vorausgegangenen Beiträgen gelegentlich etwas gestört hat. Es scheint mir schlicht und einfach nicht zu stimmen, daß die ganze Welt ein Unbehagen am Konsum empfindet. Vielleicht gibt es bei uns Übersättigung, aber etwa vier Fünftel der Menschheit empfinden dieses Unbehagen nicht, die möchten noch mehr. Da stellt sich dann die Frage der Globalisierbarkeit unseres Lebensstils.

Prof. Dr. Jens Reich

Meine Analyse ist deshalb eurozentrisch oder auf die Industrie, auf uns als Industrieländerwesen konzentriert, weil ich glaube, daß wir bei uns anfangen müssen. Wir können zum Beispiel den Menschen im Rest der Welt nicht vorspiegeln, daß sie nur dann glücklich werden, wenn sie unser Konsumniveau erreicht haben. Wir geben aber vor, daß wir damit glücklich sind, wenn wir unsere Dallas-Programme mit den reichen Familien und dem schönen

Leben und den Autos in alle Welt exportieren. Das ist ein Versprechen: Kommt zu uns, oder schafft euch selber das gleiche Niveau, dann werdet ihr glücklich sein.

Wir wissen aber schon, daß die Menschen dadurch nicht glücklich sein werden. Das war, glaube ich, der Inhalt meiner Analyse. Ich glaube also, wir müssen bei uns damit anfangen, Beispiele zu setzen, um aus diesem Teufelskreis, aus dem Tretrad, herauszukommen. Wir können nicht verlangen, daß man den Tropenwald schont, wenn wir nicht bereit sind, an unseren Verbrauchsstrukturen etwas zu ändern.

Natürlich ist es richtig, daß sich vier Fünftel der Menschheit noch nicht im Konsumterror unbehaglich fühlen. Trotzdem ist es heute schon so, daß in jeder Favela Brasiliens, wo es noch nicht einmal genug zu essen gibt und die Grundbegriffe der Hygiene fehlen, ein Fernsehapparat oder irgendwelche Radiorecorder oder Camcorder stehen. Das heißt, unsere Zivilisation spült selbst in die ärmsten Gegenden Mexikos, Brasiliens, Perus usw. ihren Abhub hinein. In diesem Sinne meine ich, exportieren wir das Unbehagen an dieser degenerierten Kultur auch in die Gegenden, die noch nicht einmal genug zu essen haben.

Prof. Dr. Irenäus Eibl-Eibesfeldt

Ich glaube, daß die neue Bescheidenheit nur bis zu einem gewissen Grad überhaupt durchhaltbar ist, denn das Leben zeichnet sich doch zunächst einmal durch Überfluß und Luxus aus. Es sind ja nicht nur die Menschen oder die Industrie, die neue Bedürfnisse schaffen. Jede Wiese zeigt, daß über die Evolution unentwegt neue Bedürfnisse geschaffen werden. Eine Blüte erfindet dieses Muster, um die Insekten anzulocken, die andere jenes, es ist ein ungeheurer Luxus, und die Natur korrigiert immer nur dann mit Populationszusammenbrüchen und dergleichen, wenn es irgendwo zu weit geht. Wir Menschen stehen gewissermaßen unter dem gleichen Evolutionsdruck, der zum Luxurieren führt, und haben damit auch einen Populationsüberhang aufgebaut.

Statt stationär werden zu wollen, sollten wir kultivierte Menschen bleiben und unsere Zivilisation weiterentwickeln wollen. Natürlich ist auch Kultur Luxus. Jede Opernaufführung ist ein Luxus. Unsere Universitäten sind ein Luxus, den andere nicht haben. Aber man kann doch nicht ernsthaft sagen, daß das schlecht ist. Jedes Kunstwerk, das einigermaßen kostbar gemacht ist und nicht, wie man es heute macht, aus Dreck zusammengebaut ist, sondern aus Silber, Marmor, Gold und dergleichen mehr, ist ein Luxus. Will man auf diesen Luxus verzichten? Nein.

Wolfgang G. Gibowski

Presse- und Informationsamt der Bundesregierung; Bonn

Eine Anmerkung zum Vortrag von Herrn Prof. Reich. Ich denke, man kann nicht vom massenhaften Unbehagen am Konsum sprechen. Das trifft mit Sicherheit auf eine Konsumgesellschaft wie die deutsche überhaupt nicht zu. Wir wissen ganz genau, ich kenne die Bevölkerungsmeinung, glaube ich, sehr detailliert, daß sich die allermeisten hier im Lande sehr wohl fühlen und die allerwenigsten auswandern wollen. Wir wissen auch, daß diese Zufriedenheit und dieses Wohlbefinden mit steigender Bindung sogar noch größer sind. Also Unbehagen an dem Konsum hier im Lande, eine Sinnkrise des Konsums, ist aus meiner Sicht keine zutreffende Diagnose, und wenn Sie das Ausziehen Ihrer Tochter in eine andere Wohnung mit Konsumkritik in Verbindung bringen, dann halte ich das auch nicht unbedingt für sehr naheliegend. Es wäre ja leichter für sie, zu Ihnen zu sagen, der Kühlschrank solle leerer sein als auszuziehen. Sie zieht eben aus, weil sie mehr Freiheit haben will.

Prof. Dr. Jens Reich

Wir müssen uns natürlich über die Definition dessen verständigen, was wir unter Unbehagen am Konsum verstehen und wie weit der Bewußtseinsgrad dazugehört. Ich hatte ja das Beispiel vom Stau angeführt, bei dem wir uns sekundär an einen an und für sich absurden Zustand anpassen und das plötzlich sogar noch tröstlich finden. Ich meine, daß das massenhafte Vorkommen von Zivilisationskrankheiten, Neurosen, Lebenskrisen, Gewaltausbrüchen und dergleichen in der Bevölkerung etwas mit einem inneren Unbehagen an unserem Konsummodell zu tun hat. Mit dem Zwang, in diesem ständigen überdrehten, hochtourigen Kreislauf drin zu sein. Das kann ich natürlich nicht mit Befragungen belegen, weil eine Befragung mit einer direkten Frage wie „Fühlst Du dich unwohl in deinem Lebensstandard?“ oder so ja auf etwas anderes abzielt. Man müßte ein anderes Konzept haben, um das zu ermitteln, was ich als These aufgestellt habe.

Heiko Möhring M.A.

Möhring Personal-Management GmbH; Düsseldorf

Ich frage mich, ob die Zunahme der Gewalt in der Welt gegen Menschen, gegen Sachen und gegen Gebote sozusagen das Los einer offenen Gesellschaft ist oder mehr oder weniger das Ergebnis sensationsgieriger Medien.

Prof. Dr. Irenäus Eibl-Eibesfeldt

Man muß zunächst kriegerische Auseinandersetzungen von der Zunahme der kollektiven Gewalt unterscheiden, etwa in unserer Gesellschaft oder in vergleichbaren Gesellschaften der technisch-zivilisierten Welt. Zum ersten wäre zu sagen, daß die Todesrate aufgrund kriegerischer Einwirkungen in früheren Zeiten und auch heute noch bei Naturvölkern viel höher ist als bei uns, was man zum Beispiel bei Völkern Neuguineas studieren kann. Es gibt auf dieser Insel, die eigentlich ein kleiner Kontinent ist, an die tausend verschiedene Völker mit unterschiedlichen Sprachen, die unentwegt Krieg geführt haben, und zwar auch schon Täler gegen Täler, also innerhalb einer Sprachgruppe. Das ist also ein sehr altes Muster, und wahrscheinlich hat das die Evolution so vorangetrieben.

Die Auseinandersetzungen, die wir jetzt zunehmend sehen, haben mehrere Ursachen. Wenn man das Beispiel Amerika nimmt, so finden sich dort zum Teil aufkeimende, zum Teil schon voll entwickelte zwischenethnische Konflikte. Die Idee, daß dieses traditionelle Einwanderungsland alle assimiliert und einschmilzt, hat sich eben nicht bewahrheitet. Es ist ein Mosaikmuster rivalisierender Ethnien entstanden, die ihre eigenen Interessen vertreten. Das äußert sich zum Beispiel in New York oder in Kalifornien in sehr heftigen Grabenkämpfen, zum Teil sogar zwischen einzelnen Stadtvierteln oder zwischen den Ethnien.

Das Interessante dabei ist ja, daß solche Solidargemeinschaften sehr leicht über Aggression entstehen können, indem man einen gemeinsamen Feind imaginiert oder aufbaut. Das gab es ja schon bei den Rockern, den Hooligans und jetzt hier bei den Skinheads, eine Bezeichnung übrigens, die zeigt, daß es diese Gruppe auch anderswo gibt. Die haben sich jetzt die Asylanten oder die Türken als Zielgruppe für ihre ganzen Frustrationen genommen, um sich über Aggression zu binden. Hinzu kommt auch noch, daß langsame eine gewisse Konkurrenz zwischen diesen Bevölkerungsgruppen festzustellen ist, und zwar gerade bei den niederen Einkommensgruppen und den Arbeitslosen.

Es ist also eine komplizierte Situation, und die Zunahme der kollektiven Gewalt hat sicher verschiedene Ursachen, wobei die kriegerischen Auseinandersetzungen weltweit nicht unbedingt absolut zugenommen haben. Nur können die Kriege heute mit modernen Waffen ausgetragen werden, was, wenn sie atomar geführt würden, zu einer großen Gefahr für die Menschheit werden könnte. Aber wenn sie mit den Mitteln geführt werden, die bis zum Ende des Zweiten Weltkriegs zur Verfügung standen, gibt es, so schrecklich diese sind, im Verhältnis zur Gesamtbevölkerung prozentual weniger männliche Tote als pro Generation bei Naturvölkern in gleichen Auseinandersetzungen beobachtet werden, nämlich um die 25 Prozent.

Peter Mugay
Märkische Allgemeine; Potsdam

Ich frage mich, wie man dem Konsumzwang bzw. dem Konsumterror begegnen sollte, denn die Auswirkungen würden ja die Gesellschaft insgesamt betreffen. Wieviele Arbeitsplätze würde das kosten, ich nenne nur das Beispiel Werbebranche. Außerdem weiß man ja, daß wirklich Verzicht nur dann geübt werden kann, wenn man besessen hat. Wir sehen das gegenwärtig an der ehemaligen DDR, die nun unbedingt auf allen Gebieten hinterher rennt, um möglichst morgen oder übermorgen den Standard zu erreichen, den die (alte) Bundesrepublik bereits hat. Muß man da nicht befürchten, daß es ein natürlicher Trieb der Entwicklungsländer ist, daß sie auch erst einmal einen gewissen Standard erreichen wollen, um dann vielleicht irgendwann einmal sagen zu können, ja, wir verzichten?

Dipl.-Vw. Dr. Friedrich Hassbach

Konsum in dem Sinne, über den wir uns heute hier unterhalten, ist ja Konsum über die Grundbedürfnisse des Menschen hinaus und ist damit letztlich Ausfluß von Wohlstand. Meine konkrete Frage an Herrn Prof. Reich lautet nun, ist nicht genau dieser Konsum als Ausfluß des Wohlstandes ein ganz entscheidender Impetus für das Jahr 1989 und für die Wiedervereinigung gewesen?

Pater Prof. Dr. Dr. Iwan Sokolowsky SJ

Obschon ich in Fragen der Kulturintegration äußerst vorsichtig bin und daher nicht unbedingt der Integration von Menschen aus fast unintegrierbaren Hintergründen das Wort rede, möchte ich doch noch einmal zu bedenken geben, ob man nicht möglicherweise Europäer sein kann, ohne „Europäer“ zu sein. Da gibt es zum Beispiel die Ungarn, die sich immer schon als Euroasiaten gefühlt haben, schon von ihrer Sprache und ihrem kulturellen Hintergrund her, und denen dennoch niemand abstreiten wird, daß sie gute Europäer sind.

Ferner waren zum Beispiel nur ein Drittel aller chinesischen Kaiser Chinesen von der Ethnie her, und sie haben dennoch China und das Chinesischsein vertreten und dazu beigetragen, daß das Reich der Mitte eine Harmonie in sich gefunden hat. Oder auch die Japaner, die eine geglückte Mischung aus europiden, asiatischen und polynesischen Völkern sind. Vielleicht haben wir, auf lange Sicht gesehen, doch bereits schon jetzt eine unumkehrbare Gesellschaft. Man kann die Fremden aus Europa nicht mehr austreiben, ohne sich selber zu brutalisieren. Es muß also ein Ansatz gefunden werden, der es ermöglicht, daß Fremde zwar nicht vermehrt hereingeholt, aber soweit sie da sind, als integrierbar akzeptiert werden. Selbst, wenn das nur auf lange Sicht möglich wäre.

Ulrich Ramm
Commerzbank AG; Frankfurt/Main

Herr Prof. Reich, ich habe viel Verständnis für das, was Sie gesagt haben, aber ich kann Ihre Meinung nicht teilen. Ich glaube, daß Sie uns eine Ökoromantik vorerzählen; Sie verdammen den Ökosozialismus, Sie predigen ein bißchen den Ökoimperialismus. Ich glaube, genau das ist es, was die Staaten, die wir bis vor kurzer Zeit noch die Dritte Welt nannten, sicherlich nicht von uns akzeptieren werden.

Ich möchte als Konklusion der Thematik das magische Viereck Freiheit, Frieden, Gerechtigkeit und Wohlstand anbieten. Denn wir haben viel über Wohlstand geredet und über die Probleme, die diese Wohlstandsgesellschaft hat, aber wir vergessen, daß wir, wenn der Friede, die Gerechtigkeit oder die Freiheit in unserem Land gefährdet wären, diesen Zielen viel mehr Aufmerksamkeit gewidmet hätten. Dieses magische Viereck wäre auch eine mögliche Antwort auf die Frage, was kann uns Halt geben: Das Streben danach, diese Ziele zu erreichen und die besondere Hinwendung auf dasjenige von ihnen, das am meisten gefährdet ist.

Prof. Dr. Irenäus Eibl-Eibesfeldt

Meine Mahnung zur Vorsicht bezieht sich auf die Gegenwart. Das heißt auf die Frage, ob es in der gegenwärtigen Situation eines dicht bevölkerten Europas sinnvoll ist, über Immigration eine multikulturelle Immigrationsgesellschaft aufzubauen. Ich beziehe mich also zum Beispiel auf das Buch von Heiner Geißler, der sagt, das würde die Harmonie fördern. Man könne zwar Türken, Tamilen und Nigerianer nicht zu Deutschen machen, aber man könne ja in Harmonie voneinander lernen und dergleichen. Es gibt vernünftige Gründe zu sagen, daß dieses Experiment keine gute Zukunft haben würde. Man weiß es aus der Geschichte und aus der gegenwärtigen Situation in anderen Teilen der Welt, und man kennt es wie gesagt auch vom Begriff der Vielfalt her – Vielfalt erhält sich durch Abgrenzung.

Noch ein Wort zu den Ungarn, weil sie mit den Asiaten in Verbindung gebracht wurden: Biologisch-anthropologisch sind die Ungarn keine Asiaten mehr. Hier haben wir den interessanten Fall, daß eine zahlenmäßig geringere Eroberungsschar sehr weit vorgedrungen ist, die Sprache behalten hat, aber biologisch, zum Beispiel, in der europäischen Bevölkerung aufgegangen ist. Sie finden mediterrane Ungarn, sie finden Ungarn mit blonden Haaren, sie finden in Ungarn so ziemlich alles. Ungarn ist grundsätzlich eigentlich europäisch, auch wenn noch etwas mongolisches Erbe vorhanden ist, aber das ist, würde ich sagen, weder belastend noch störend. Im Gegenteil, wir wissen ja, daß die mongolischen Völker uns erstens nah verwandt sind – die Trennung von den Europiden erfolgte vor etwa dreißigtausend Jahren durch eine Kaltsteppenanpassung – und zweitens, daß sie im durchschnittlichen IQ um etwa zehn Punkte gescheiter sind als wir.

Prof. Dr. Jens Reich

Wir sind uns einig, daß eine Ökodiktatur scheitern wird, da ist kein Widerspruch gekommen. Meine Botschaft lautet eigentlich: Wenn wir den Zusammenbruch vermeiden wollen, dann geht es nur über den anderen Weg, bei dem ich den Vorwurf oder das

Label Ökoromantik akzeptiere. Es geht nur über das Bewußtsein, und ich darf aufgrund meiner Erfahrungen sagen, daß sich Naivität in gewissen Situationen auszahlen kann. Ich akzeptiere das also als Diagnose meiner Position, aber nicht als Vorwurf. Auch der Hinweis auf die Konsumexplosion 1989, ist, glaube ich, gerade ein Beispiel für das, was ich sagen wollte, und wobei ich sicher mit Herrn Gibowski nicht im Dissens verblieben bin.

Herr Dr. Fest hat sich darüber gewundert, daß er seit drei, vier Jahren die neuen Bundesländer bereist und niemals spontan hört, daß sich jemand über Freiheit, Freizügigkeit, freie Meinungsäußerung und all die anderen Bürgerrechte freut, die wir uns erkämpft haben, sondern immer nur die Klage darüber, daß das ostdeutsche Tretrad nur 80 Prozent der Geschwindigkeit des westdeutschen hat. Das ist für mich Ausdruck des von mir erwähnten Unbehagens. Die Menschen dort können sich nicht mehr freuen. Es gibt zwar Ausnahmen, aber insgesamt sind diese Ausnahmen wirklich selten.

Die Konsumexplosion von 1989 ist in eine Art von Enttäuschung umgeschlagen, die völlig irrational ist und die meiner Meinung nach aus diesem Zwangscharakter des Konsumismus folgt. Ändern kann ich das nicht. Ich kann nur sagen, es geht nicht mit Diktat. Das ist sozial nicht durchführbar. Ich bin also insofern Romantiker, als ich glaube, daß es auch ohne Diktat geht. Die Alternative wäre, aufzugeben, alles laufen zu lassen, und zu sagen, es wird schon irgendwie untergehen. Das kann ich nicht.

Dr. Gerhard Schwarz

Meine Damen und Herren, wir kommen zum Schluß, und ich erlaube mir ein paar persönliche Bemerkungen zu meinen Eindrükken, vielleicht spiegeln sie ja zumindest teilweise auch die Ihren wider. Erstens glaube ich, ich sage das, weil hierzu nicht nur unterschwellig mehrfach Kritik anklang, daß es auf das Motto dieser Tagung, „Was nun – Was gibt uns Halt?!“, tatsächlich keine überzeugende Antwort geben konnte. Insofern fand ich das zwar originelle, aber eben nicht sehr überzeugende doppelte Satzzeichen etwas überflüssig. Ich glaube, mit dem Fragezeichen allein hätte es sein Bewenden haben können. Jedenfalls jetzt, nach dieser Tagung, dürfte es sein Bewenden damit haben.

Mein zweiter Eindruck oder meine zweite Überzeugung, die sich durch die heutige Tagung nicht geändert hat, ist die, daß es zur liberalen Ordnung keine bessere Alternative gibt. Die These von Herrn Dr. Fest, daß die liberale Ordnung fast im Widerspruch zum Natürlichen im Menschen angelegt sei, hat mich deswegen ein wenig überrascht. Die gängige These war ja eher die, daß der neue Mensch des Marxismus eben kein realistisches Menschenbild darstelle. Aber vielleicht läuft es einfach darauf hinaus, daß der Versuch von Menschen, zusammenzuleben und eine Ordnung zu schaffen, immer etwas Antinatürliches hat gegenüber dem reinen Urzustand.

Der dritte Punkt, und der knüpft für mich ein bißchen an das Thema des letzten Symposiums („Marktwirtschaft Teufelswerk? Die Weltreligionen + Die Wirtschaft") an, betrifft den Raum, den die liberale Ordnung gewährt: Der muß von den Individuen und Gruppen mit Sinn ausgefüllt werden, also von den Kirchen, von den Medien, von den einzelnen, – nicht aber von der Politik. Ich sage das mit Blick auf den Vortrag von Frau Dr. Seebacher-Brandt, denn ich glaube eben schon, daß wir diesen Halt oder diesen Sinn brauchen.

Ich würde meinen, wir haben immerhin Ansatzpunkte gehört, in welche Richtung es gehen sollte. Ich sehe drei Ebenen. Das eine ist die materielle Ebene, also Konsum und Technik, die allenfalls Halt geben könnte, aber ihn, glaube ich, doch eigentlich eher nicht bietet. Ich meine auch, daß selbst Askese oder Bescheidenheit nicht unbedingt Halt geben oder Sinn stiften können, so sehr sie allenfalls nötig sind, da sie eigentlich nur eine Negation des Materiellen sind.

Die zweite Ebene wäre für mich das Kollektiv, die Gemeinschaft. Bei Herrn Prof. Eibl-Eibesfeldt ist das ein bißchen angeklungen, daß die Identität – Begriffe wie Heimat oder Familie – vielleicht Halt geben könnte. Und die dritte Ebene ist meines Erachtens die Ebene der Werte, der Ideen, auf die ich trotz allem am meisten setzen würde.

In diesem Sinn, würde ich meinen, daß die Ideologien eben nicht am Ende sind, auch wenn der Begriff meist etwas negativ gebraucht wird. Ich glaube, wir brauchen weiter Ideologien, Konzeptionen und Ideen. Aber diese Ideen müssen im Wettbewerb miteinander stehen, es braucht den Wettbewerb der Werte, es braucht den Wettbewerb der Kirchen, der Ideologieanbieter, wenn Sie so wollen, unter Staaten und Rechtssystemen, damit wir in einem laufenden Prozeß, also in diesem berühmten Hayekschen Deckungsvertrauen, nach immer noch besseren Werten suchen.

Dieser Wettbewerb wird von vielen als Chaos empfunden. Aber ich glaube, wir müssen mit dieser Form von Chaos eben leben lernen. Der sogenannte Pragmatismus, den schon Ludwig Erhard vor einigen Jahrzehnten zu Recht quasi als Synonym für Opportunismus gebranntmarkt hat, ist auch eine Ideologie, und ich befürchte, es könnte die schlimmste sein, weil sie vorgibt, über allen anderen Ideologien zu stehen.

Mein letzter Punkt betrifft das Thema Pessimismus – Optimismus, das sich ja so ein bißchen durch die ganze Tagung gezogen hat. Und auch das Wort von der self-fulfilling prophecy ist gefallen, das sowohl für den Optimismus als auch für den Pessimismus gilt. In diesem Sinne möchte ich mit einem Zitat enden, das doch eher optimistisch ist, und von einem Autor stammt, der normalerweise nicht unbedingt zu meinen Gewährsleuten gehört, das aber, wie ich glaube, ganz gut an den Schluß dieser Diskussion paßt. Es stammt von Hans Magnus Enzensberger, und es heißt: „Die Defensive ist keine Position, von der aus sich eine andere Position entwerfen ließe. Es fehlt die Energie nach vorne, es fehlt der mobilisierende Impetus, und insofern ist sie von vornherein eine schwache, jedenfalls keine leichte Position."

Dr. Rainer Hildmann

Meine sehr geehrten Damen und Herren, wir sind am Ende der Tagung angekommen, einer Tagung, für die ich Dank sagen möchte: Ihnen, den Teilnehmern, aber auch den Referenten, den Moderatoren, all denjenigen, die zu dieser Tagung beigetragen haben. Insbesondere möchte ich aber auch Frau Molitor danken, die in geradezu unermüdlicher Weise diese Tagung mit vorbereitet hat, des weiteren der edition agrippa, die hier alles aufgebaut hat, den Dolmetscherinnen und auch dem Hotel.

Sinn unseres Symposiums konnte nicht sein, Antworten zu finden. Darüber waren wir uns im klaren. Aber wir müssen ja Fragen stellen, um vielleicht irgendwann einmal zu Antworten zu kommen. Wir wollten Denkanstöße vermitteln, wir wollten Sie und uns alle zum Nachdenken anregen. Und ich glaube, wir gehen mit sehr vielen Begriffen nach Hause und haben sehr viel zum Nachdenken. Zwei Begriffe haben sich mir besonders eingeprägt, die sich eigentlich durch alle Vorträge ziehen. Das ist zum einen das Gemeinschaftsgefühl und zum anderen, Pater Sokolowsky brachte es noch schärfer auf den Punkt, die Kultur der Dankbarkeit.

Wir freuen uns auf ein neues Symposium im nächsten Jahr und hoffen, daß sehr viele von Ihnen daran teilnehmen werden.

Die Referenten

Professor Dr. Irenäus Eibl-Eibesfeldt

geb. 15. 6. 1928. Studium an der Universität Wien. 1949 Promotion. Mitarbeiter der Biologischen Station Wilhelminenberg und am Institut für vergleichende Verhaltensforschung, Altenberg. Von 1951 bis 1969 Mitarbeiter am Max-Planck-Institut für Verhaltensphysiologie in Seewiesen. Wissenschaftlicher Direktor des Internationalen Instituts für Submarine Forschung in Vaduz von 1957 bis 1969. 1957 Leiter der UNESCO-Expedition zu den Galápagos-Inseln und 1958 wissenschaftlicher Direktor der zweiten Xarifa-Expedition in den Indischen Ozean. 1963 Habilitation an der Universität München. Seit 1970 Leiter einer Arbeitsgruppe für Humanethologie, die 1975 zur selbständigen Forschungsstelle für Humanethologie in der Max-Planck-Gesellschaft, Andechs, erhoben wurde. Zahlreiche Veröffentlichungen, u.a. „Liebe und Haß. Zur Naturgeschichte elementarer Verhaltensweisen“, 1970; „Der vorprogrammierte Mensch. Das Ererbte als bestimmender Faktor im menschlichen Verhalten“, 1973; „Die Malediven, Paradies im Indischen Ozean“, 1982; „Das verbindende Erbe“, 1991.

Professor Dr. Wolfram Engels

geb. 15. 8. 1933. Nach dem Abitur von 1953 bis 1955 kaufmännische Lehre in Bremen, anschließend Studium in Hamburg, Köln und New York. 1962 Promotion. Von 1961 bis 1964 Tätigkeit in der Textilindustrie. Von 1964 bis 1968 Assistent an der Universität Saarbrücken. 1968 Habilitation. Seit 1968 Lehrstuhlinhaber an der Johann Wolfgang Goethe-Universität Frankfurt. Seit 1984 Herausgeber der „WirtschaftsWoche“. Ausgezeichnet mit dem Ludwig Erhard-Preis für Wirtschaftspublizistik, dem Pieroth-Preis für Vermögensbildung und dem Hermann Lindrath-Preis.

Professor Dr. Gerhard Fels

geb. 17. 6. 1939. Studium der Wirtschaftswissenschaften in Bonn und Saarbrücken. Seit 1983 Direktor und Mitglied des Präsidiums des Instituts der deutschen Wirtschaft, IW, Köln. Zuvor

Direktor und Professor am Institut für Weltwirtschaft, Kiel, Stellvertreter des Präsidenten und Leiter der Abteilung Struktur und Weltwirtschaft. Mitglied des Sachverständigenrates zur Begutachtung der gesamtwirtschaftlichen Entwicklung von 1976 bis 1982. Mitglied des Committee for Development Planning der Vereinten Nationen von 1978 bis 1982.

Dr. Joachim Fest

geb. 8. 12. 1926. Studium der Jurisprudenz, Geschichte und Germanistik. Danach Mitarbeiter von Zeitungen und Rundfunkanstalten. Von 1963 bis 1966 Chefredakteur des Fernsehens beim Norddeutschen Rundfunk, und von 1965 bis 1966 Leiter des Fernseh-Magazins „Panorama". 1973 Veröffentlichung einer Hitler-Biographie. Seit 1973 Mitherausgeber der „Frankfurter Allgemeine Zeitung". Senator der Max-Planck-Gesellschaft und Honorarprofessor der Universität Heidelberg. Weitere Publikationen „Aufgehobene Vergangenheit", 1981; „Die unwissenden Magier. Über Thomas und Heinrich Mann", 1985; „Der tanzende Tod", 1986; „Im Gegenlicht. Eine italienische Reise", 1988; „Der zerstörte Traum. Über das Ende des utopischen Zeitalters", 1991.

Dr. Francis Fukuyama

geb. 27. 10. 1952. Studium an der Cornell University, 1974 Abschluß mit dem Diplom als Bachelor of Arts. 1981 Promotion. Von 1981 bis 1982 Mitarbeiter in der Abteilung Politikplanung im Außenministerium in Washington. Mitglied der US-Delegation bei den ägyptisch-israelischen Gesprächen über die Autonomie Palästinas. Von 1983 bis 1989 leitender Mitarbeiter bei der RAND Corporation, Santa Monica, Kalifornien. 1989 stellvertretender Direktor der Abteilung Politikplanung im Außenministerium der USA. Seit 1990 freier Mitarbeiter der RAND Corporation und der Abteilung Politikplanung im Außenministerium der USA. 1992 erschien sein Buch „The End of History And The Last Man", das in 21 Sprachen übersetzt wurde.

Werner Giers

geb. 14. 11. 1928 in Hamm. Lokalchef und Leiter der Wirtschaftsredaktion der „Westfalen-Post“. Chefredakteur der Zeitungsgruppe Zeno. Von 1969 bis 1983 Chefredakteur der „Westfälischen Nachrichten“. Seit 1984 Chefredakteur und Mitherausgeber des „Münchner Merkur“.

Dr. Hugo Müller-Vogg

geb. 1947 in Mannheim. Nach dem Wehrdienst Studium der Volkswirtschaftslehre und der Politischen Wissenschaften in Mannheim, Heidelberg und Wien. 1974 Diplom-Volkswirt, 1978 Promotion an der Universität Mannheim. Nach einjähriger Tätigkeit in der Wirtschaftsredaktion des „Mannheimer Morgen“ 1977 Wechsel zur „Frankfurter Allgemeine Zeitung“. Ab 1980 Mitglied der Rhein-Ruhr-Redaktion der FAZ in Düsseldorf. Von 1984 bis 1988 FAZ-Korrespondent in New York. Seit 1988 Mitherausgeber der FAZ.

Prof. Dr. Jens Reich

geb. 1939 in Göttingen. Studium der Medizin an der Humboldt-Universität, Berlin. Von 1962 bis 1964 Arzt. Mitarbeiter der Universität Jena von 1964 bis 1968. Von 1968 bis 1990 Mitarbeiter der Akademie der Wissenschaften Berlin-Buch. Seit 1991 am Max-Delbrück-Centrum für molekulare Medizin. Mitbegründer und Volkskammerabgeordneter des Neuen Forum. Publikationen u.a. „Rückkehr nach Europa“, 1991; „Abschied von den Lebenslügen“, 1992.

Dr. Gerhard Schwarz

geb. 19. 4. 1951. Studium in St. Gallen, Great Barrington (Mass.), Bogotá. Dr. oec. 1980 mit einer Dissertation über „Handwerk und angepaßte Technologie als Elemente einer alternativen Entwicklung“. 1973 bis 1979 wissenschaftlicher Mitarbeiter der Forschungsgemeinschaft für Nationalökonomie an der Hochschule St. Gallen. 1980 Tätigkeit in der Industrie. Seit Anfang 1981 bei der NZZ, davon 1983 bis 1986 als Wirtschaftskorrespondent in Paris, ab 1987 in Zürich, zuständig u.a. für die Gebiete Ordnungs- und Konjunkturpolitik; Lehrbeauftragter an der Universität Zürich. Bücher (als Autor oder Herausgeber) u.a. „Ausländische Direktinvestitionen und Entwicklung“, 1980; „Wo Regeln bremsen. Deregulierung und Privatisierung im Vormarsch“, 1988; „Das Soziale der Marktwirtschaft“, 1990; „Nachdenken über die Schweiz“, 1991; „Schweizerische Wirtschaftspolitik im internationalen Wettbewerb“, 1991.

Dr. Brigitte Seebacher-Brandt

geb. 23. 9. 1946. Studium der Germanistik und Geschichte in Berlin. Nach dem Studium journalistische Arbeit für verschiedene Rundfunkanstalten und die Wochenzeitung „Berliner Stimme“, bis 1978 deren Chefredakteurin. Von 1978 bis 1979 in der Pressestelle der Bonner SPD-Zentrale. 1984 Promotion an der Freien Universität Berlin. Seit 1989 Publizistin. Publikationen u. a. „Ollenhauer, Biedermann und Patriot“, 1984; „Bebel“, 1988; „Die Linke und die Einheit“, 1991.

Dr. Konrad Seitz

geb. 1934 in München. Studium der Philologie, Geschichte, Philosophie und Deutsch. Seit 1965 Mitarbeiter im Auswärtigen Amt. Von 1975 bis 1987 Redenschreiber von Bundesaußenminister Genscher und Leiter des Planungsstabs von 1980 bis 1987. Danach Botschafter der Bundesrepublik Deutschland in Indien. Von 1990 bis 1992 wiederum Leiter des Planungsstabs. Seit 1992 Botschafter der Bundesrepublik Deutschland in Italien. 1990 erschien sein Buch „Die japanisch-amerikanische Herausforderung – Deutschlands Hochtechnologie-Industrien kämpfen ums Überleben“. 1992 verfaßte er zusammen mit Prof. Dr. Rita Süssmuth und Dr. Peter Glotz das Buch „Die planlosen Eliten – Versäumen die Deutschen die Zukunft?“

Die Stiftung

Die informedia-Stiftung Gemeinnützige Stiftung für Gesellschaftswissenschaften und Publizistik, wurde von Dr. Rainer Hildmann, München, Klaus Kunkel, Köln, und Dipl.-Kfm. Klaus Nimtz, Krefeld, errichtet.

Zweck der Stiftung ist die Förderung aller Bemühungen, die auf eine Stärkung und fortwährende Weiterentwicklung einer freiheitlichen Wirtschafts- und Gesellschaftsordnung in Deutschland und in Europa ausgerichtet sind. Dazu gehören insbesondere:

- solche Arbeiten und Tätigkeiten in den Bereichen der theoretischen und angewandten Wissenschaft und der Politik, die neue oder zusätzliche Erkenntnisse versprechen und in besonderer Weise geeignet sind, zur Erfüllung des Stiftungszweckes beizutragen;
- die Erarbeitung, Darstellung und Überprüfung der Bestimmungsfaktoren für ein leistungsfähiges Wirtschafts-, Sozial- und Bildungssystem in einer freiheitlichen Ordnung;
- das Aufzeigen, Erfassen und praktische Erproben der zur Verwirklichung des vorgenannten Zieles jeweils ergiebigsten Kommunikationsmittel und der Kommunikationstechniken;
- die Aus- und Weiterbildung von Publizisten, Pädagogen und Wissenschaftlern sowie die Studienförderung in sozialen, wirtschaftlichen und gesellschaftlichen Fragen.

Der Stiftungszweck soll insbesondere verwirklicht werden durch:

- die Vergabe und Finanzierung von Forschungsaufträgen;
- die Durchführung von Studiengesprächen, Kolloquien, Seminaren, Symposien und ähnlichen Veranstaltungen im In- und Ausland;
- die Förderung von Bildungseinrichtungen;
- die Herausgabe, Verteilung und Finanzierung von Publikationen zur Information aller gesellschaftlich relevanten Gruppen.

Die Organe der Stiftung sind:

Der Vorstand: Dipl.-Kfm. Klaus Nimtz, Emmendingen

Dr. Rainer Hildmann, München

Das Kuratorium: Professor Dr. Gerhard Fels, Köln,
Geschäftsführender Direktor und Mitglied des Präsidiums des Instituts der deutschen Wirtschaft,
Vorsitzender

Dipl.-Vw. Hans-Josef Breidbach, Köln,
Geschäftsführer und Leiter der Hauptabteilung Zentralbereich im Institut der deutschen Wirtschaft,
stellvertretender Vorsitzender

Dr. Rainer Hildmann, München

Dipl.-Kfm. Klaus Nimtz, Emmendingen